From the Caribbean
Sea to the Rainbow Nation

从加勒比海到彩虹国度

古巴、南非行

邹晶——著

中国出版集团
研究出版社

图书在版编目(CIP)数据

从加勒比海到彩虹国度 / 邹晶著. -- 北京 : 研究出版社，2021.9

ISBN 978-7-5199-1080-8

Ⅰ. ①从… Ⅱ. ①邹… Ⅲ. ①游记－古巴②游记－南非共和国 Ⅳ. ①K975.1②K947.8

中国版本图书馆 CIP 数据核字（2021）第 200159 号

出 品 人：赵卜慧

责任编辑：张　琨

从加勒比海到彩虹国度

出版发行：研究出版社

地　　址：北京市东城区华腾灯市口商务楼五层

电　　话：010-64217619　64217612（发行中心）

经　　销：新华书店

印　　刷：北京汇瑞嘉合文化发展有限公司

版　　本：2021 年 10 月第 1 版　2021 年 10 月第 1 次印刷

开　　本：880 毫米 ×1230 毫米　1/16

印　　张：12.5 个

字　　数：150 千字

书　　号：ISBN 978-7-5199-1080-8

定　　价：42.00 元

From the Caribbean Sea to the Rainbow Nation

目录

CONTENTS

FROM THE CARIBBEAN SEA TO THE RAINBOW NATION

上篇

“同志加兄弟”

下篇

彩虹国度

上篇

“同志加兄弟”

“迷失哈瓦那”

2017 年 8 月 10 日

对于古巴，大概还在我上小学时就有了“概念”。

那首《要古巴，不要美国佬》，成了我儿时记忆里，印象清晰的一首歌曲。

后来的我，又了解了猪湾战争、古巴导弹危机、卡斯特罗、切·格瓦拉，对了，还有老爷车、朗姆酒、古巴雪茄……

总之，古巴对于世人而言，当然也包括我，一直都披着神秘的面纱。

来古巴旅行一直是我期待中的。

古巴首站，当然是首都哈瓦那。

飞机上，我被《迷失哈瓦那》的小说深深地吸引，这部巨著号称是古巴版的《四世同堂》。书中的景致描写，主人公跌宕起伏的精彩故事，更是吊起了我的胃口。

空中鸟瞰古巴

闭上眼睛，我开始憧憬着、猜想着哈瓦那的“倩影”。经过22个多小时的空中飞行（包括转机），我终于抵达了哈瓦那何塞·马蒂国际机场。

机场外的老爷车

透过舷窗，自飞机经过格陵兰岛开始，我就被各种云彩、雪山和植被震撼，那蓝天、碧海几乎都是从未见过的。

飞机终于降落在哈瓦那的土地上。

出机舱后，我就发现，马蒂国际机场很小，甚至可以说有点破旧，不一会儿，就来到了海关。

不多的几个柜台，加之不算多的乘客，本以为，我这来自免签证的、社会主义国家的“同志加兄弟”，会在特殊礼遇中，迅速通过海关。

然万万没想到，我被告知待在离柜台相当远的等候线外。

待了20多分钟，看见眼前一个男士，拿着我的护照从这头走过去，又从那头走过来，晃来晃去的，于是我有点生气地上前询问。

他问了我住在哪里，干什么的，我如实回答。莫名其妙地，我又被他领着回到海关，这回不用1分钟，我就通关成功！

直到现在，我也没明白，这到底是为啥！

↑ 街头掠影 ↗ 老广场

来到行李传输带，等了不短的时间，终于认出了我的行李箱，却没了外罩。难怪，看了看其他的许多行李，似乎都打了好几层塑料薄膜，这古巴的第一印象，还有点让我迷失了。

到了机场外，预约的司机很热情地接待了我，问他：为何中国人过关要那么久，他显然没听懂，或是打哈哈。

路上，我们聊起了古巴的改革，他说进展太慢了，政府没有钱

↓ 老广场

像不像个英雄？　街头掠影

等。由于语言的障碍，他似乎茶壶煮饺子，有苦倒不出，但听得出来，他很失望……

好心的司机带着我绕了下老城区，一些在网站上看到的石碑、人物，迅速映入眼帘。

司机把我送到了民宿，这个季节正好赶上古巴雨季，他让我等会儿，并叫来了房东，还给我拿了把伞。

此时，一股暖流冲淡了在机场的不悦！

圣佛朗西斯科广场修道院

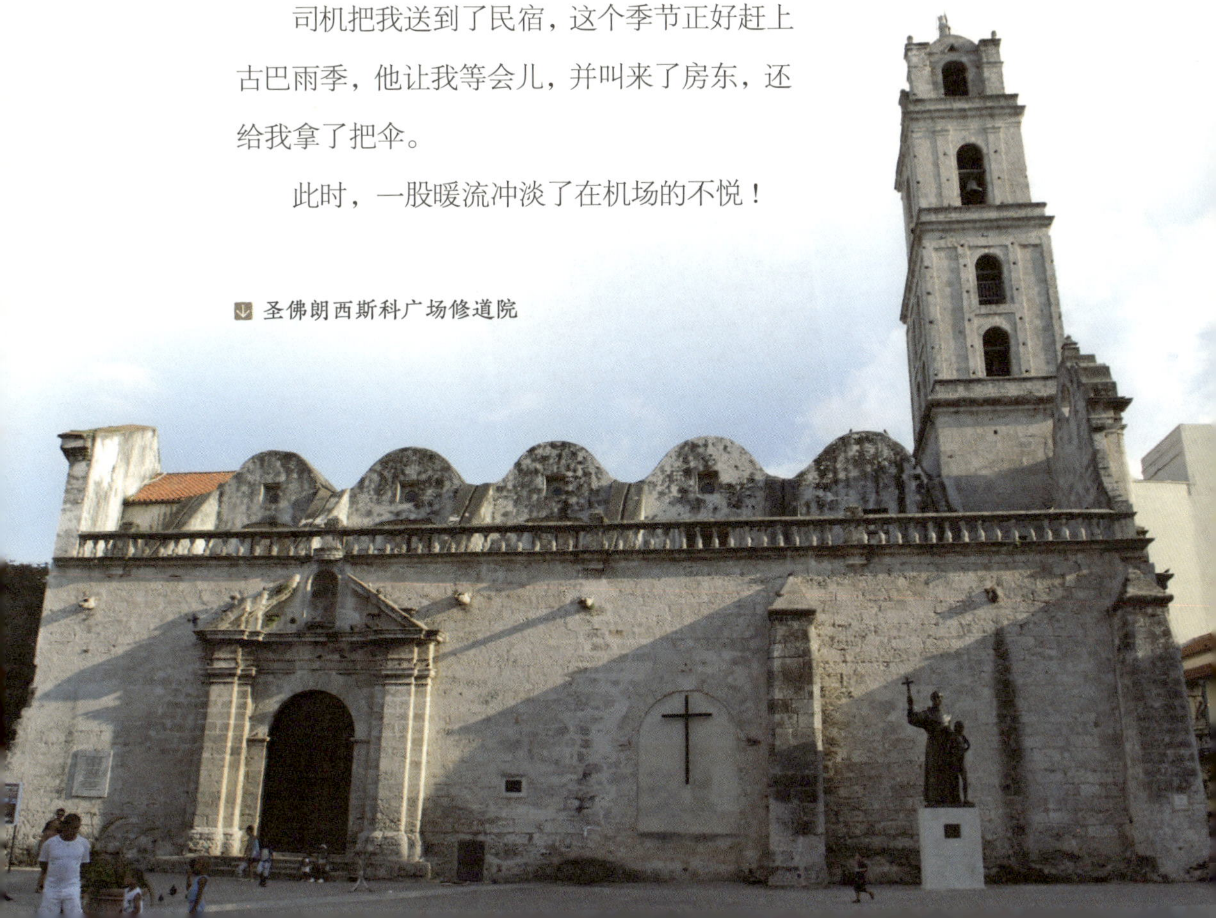

我与房东简单交谈后，了解了民宿和当地大致规矩，于是迅速带上相机，迫不及待地要去揭开哈瓦那的神秘面纱。

因住在老城区中心地带，不一会儿，就到了著名景点。已经下午三四点了，不如就去哈瓦那的“四大广场”吧。

雨中的哈瓦那，有了一种与旅游网站上不一样的面孔，那些照片在阳光下刺眼而艳丽。此时雨中的哈尔那，倒是更增添了几分神秘和羞涩。但一样的是，这些建筑物都相当古老，非常独特。

透过这些人间伟绩，想起飞机上的鸟瞰风景，此时的我，对1492年，当哥伦布第一次踏上古巴岛屿时，对古巴产生的“这是人类眼睛所能看到的最美丽的地方”的评价，有了几分理解。

站在广场上，体会着典型的亚热带海岛气候，看着来自不同国家、不同民族、肤色各异的行人，欣赏着传统欧洲风格建筑，我开启了对“加勒比海湾明珠”的探索之旅!

↑ 街头掠影

殖民色彩浓厚的古巴

2017年8月11日

按照行程，今天清早应该参观古巴最大的教堂，感受一番当地人的“一日之计”是如何度过的！

但只因民宿房东女儿“不错”的英语，使我们初次见面的寒暄和早餐时间，比预计时间超了不少。

来到教堂时，早晨的弥撒已经结束，教堂里只有稀稀拉拉几个游客。不过，倒是正好可以静静绕教堂一周，仔细欣赏教堂陈设、器具和画像，认真捕捉那些具有古巴特色的宗教器物和教堂风貌。

好在看门的工作人员对游人相当友好，没有禁止拍摄。

这座古巴最大的教堂，外表看相当古老，有的墙面已经发黑，然而，里面相当精致，就像是近些年才落成一样。各种绘画和摆设干净、地道，看得出，教堂平时宗教活动还是很多的。

此后，在不断穿梭于古巴大街小巷时，也时不时就能看见风格不同、大小不一的各种教堂，而且教堂大门似乎总是大大地开着，即便是在举行宗教活动时，游客也可以随意进出，这使我对古巴的印象又多了一份西方的色彩。

教堂对面是殖民艺术博物馆，最早为建于1720年的巴约纳伯爵府。

↑ 教堂内的塑像

↓ 古巴最大的教堂

→ 大教堂内部

↑ 殖民艺术博物馆 ↗ 艺术博物馆的展品

这座看上去门窗艳丽的房子，实则为该区域最古老的建筑。看了看 3CUC 的票价（CUC 类似中国曾经发行过的外汇券，1 CUC 约合 1 美元），以及门可罗雀的游人，一时还真有点犹豫，是否该进入。

然而，“不看不知道，一看吓一跳”，博物馆里各时期的艺术品，如铁艺、瓷器、家具、玻璃等，着实令我叹为观止。

馆藏的物品，大多都是 16-19 世纪的，有的造型优美，设计巧妙；有的风格混血，独具匠心；有的材料独特，制作精良，它们都堪称艺术精品中的精品，这些展品分别来自奥地利、比利时、英国、法国、意大利、中国等。

看着这些世间稀物，在感叹伯爵的品位和艺术家技艺外，更为这些宝贝没有被战争摧毁，而替它们感到庆幸。

博物馆的工作人员尽管绝大多数时间用的是西班牙语，偶尔会加一两个英文单词，但这似乎不影响我的理解，更不可能降低艺术品的传世价值。

不过最后的一幕，也算是“一听吓一跳”了，在结束讲解后，她用了“纯正”的西班牙语，表情僵硬，语言低沉，我虽然一个字也没听懂，但我明白，这是索要小费，真是没有免费的午餐！上杆子或特别的热情（工作环境下），都是我古巴之行中需要警惕的，这也许是古巴特色之一吧！

不愉快瞬间消失，我快步来到了离教堂广场不远的武器广场，要去仔细端详昨天已经关门的皇家军事城堡（Castillo de la Real Fuerza）。

这座军事城堡位于武器广场东北侧，建于1558-1576年，是哈

殖民艺术博物馆展品　令人眼前一亮的中国人物画瓷器

瓦那第一处要塞，最初只是为抵御入侵海盗和外国侵略者，是从海上进入哈瓦那的军事桥头堡。

这座要塞造型非常独特，城堡坚固而低矮，除了城堡必备设施外，该城堡不论过去，还是当下，都很有特点。

今天的城堡里，陈列了不少早期历史文物和岩石标本等，由于人多，且介绍全为西班牙文，使得不懂西语的游客很难了解这座要塞的历史故事和主要用途，以及机关暗道等。

但站在城堡的顶层，面对墨西哥湾和加勒比海，游

↑ 皇家军事城堡城门

↖ 军事城堡护城河

↙ 卡瓦那城堡

↓ 莫罗城堡

客不难想象它的战略地位以及当时建设者们的不易。看得出来，当时的西班牙人或古巴人基本是因地制宜，就地取材地建成了目前依然牢固的城防设施。

虽然时代久远，城堡目前依然雄伟，保存良好，还在 1982 年就与哈瓦那老城区一起，获得了世界文化遗产称号。

顺便介绍下，古巴位于加勒比海西北部，东与海地相望，南距牙买加 140 千米，北离佛罗里达半岛最南端 145 千米，它是加勒比海地区或西印度群岛最大的国家。

1510 年，当时的列强西班牙征服古巴，1515 年，哈瓦那也成为殖民地区。为防范英国人入侵，保护自己的领地，西班牙统治者大动干戈，绞尽脑汁，逐步建立起城防体系和堡垒。

↑ 晚霞里莫罗城堡

而哈瓦那，作为古巴北端港口城市，又靠近墨西哥湾，因此大力建设护卫工事，成了历任统治者的要务。

类似皇家军事城堡这样的设施，其实不只一处，例如离军事城堡不远的莫罗城堡，也是于 1587 年由西班牙人建造，主要目的为抵抗英国海盗与军队攻击。虽然它不高，但巍峨坚固，设计极具特色，城堡外建有宽阔的护城河，城里有幽深的隧道，连通着各个堡垒，战略位置极其重要，是哈瓦那城内非常著名的古迹之一。

然而 1762 年，英国曾占领古巴，摧毁了莫罗城堡，即使今天，也能看见墙壁上的累累弹痕，它们都在静静地诉说着战争的痛苦。如今，莫罗城堡已被改造为航海博物馆。

国会大厦是首都哈瓦那地标式建筑，建于 1929 年，是美国作为宗主国时古巴国会所在地，为当时哈瓦那最高的建筑。1959 年古巴革命胜利之后，新政府曾在这里办公，现在是古巴科技环境部所在地，同时也是全国代表会议中心。

国会大厦

芭蕾舞剧院

这座大厦，非常醒目，从哈瓦那的许多街道，很容易就能看见。其实，不仅是这座大厦，包括满大街的老爷车和一些废弃工厂等，很容易让人联想到电影《我是古巴》里的悲剧情节和如烟往事……

古巴行的开始，是在穿越中度过的！

海明威住过的两个世界饭店

古巴红色游

2017年8月12日

昨晚告诉房东的女儿，今天要去海明威故居。

早餐期间，不会英文的房东用手势告诉我，她闺女还没起床，于是我只好与房东连比划带猜地沟通，好在最后终于搞定了，联系到了两位司机。

不一会儿，带着胜利的心情，我来到大门口，司机已经在门口等候了。

告别了房东，我随司机沿着不宽的街巷进发，走了一段距离，忽然司机说，抱歉要停一下。

他上楼去了，我猜想难道他的豪宅就在这附近？不一会儿，只见他一只手拎着一个大桶，另一只手拿着根塑料软管下楼来。

他把大桶往后备厢上一放，管子一插，汽油就从大桶流到了油箱。古巴特色又让我长见识了，后来发现许多人都这么干。

故居客人接待室

好了，这回是万事俱备，喝足了油的老爷车飞速上路了。

到海明威故居时，还不到 10 点，故居大门依然锁着。于是我走到四周稍作察看，发现虽然海明威故居位于离老城区约 15 千米的郊区，但似乎这里的住户和房子十分现代。围满鲜花的小院，如果不知道的，还以为是在欧洲小镇上，不同的是，古巴人喜欢色彩鲜艳的涂料。

正在这时，司机向我挥手，坐上车，我们来到故居停车处。

这会儿，游人已经相当地多了。顺着上坡路，首先看到的是海明威故居客人接待室，白色二层小楼，真漂亮，只是里面除了有一两间作为工作人员办公房间外，其他房间都堆满了东西。

↑ 客厅　↗ 书房大概是最重要的了

再往上走一点，就是海明威居室，依然是白色小楼，但出乎意料的是，只有一层楼向观众开放参观。

我此时的心情，有点小激动，马上就可以一睹大文豪曾经战斗过的地方了。

海明威在 1940 年到 1961 年的 20 多年里，大部分时间都居住在此，很多重要作品也诞生于此，例如获得诺贝尔文学奖的《老人与海》等。

但遗憾的是，住所大门被绳子拦住了，不让进，游客只能绕着房子参观。不过据介绍，房屋中所有物品陈设仍保留着海明威居住时的样子，比如大量书柜、书籍和杂志，起居室，卧室，餐厅桌椅及餐具，卫生间在当时恐怕是非常高级的，还有专门一个小房间放着海明威生前穿过的衣服和靴子，以及标本等。

看得出，海明威不仅是一位文学家，也是一位社交广泛的社会活动家。庄园或故居两层楼的客人接待室，两个大的住所客厅，许多的室外桌椅和凉棚等，足以说明问题。

更让我感到意外和不解的是，住所旁边还有个瞭望塔，有四层楼高，据说海明威会站在那里，查看远处的游泳池是否装满了水。

游泳池旁边还有一艘游艇，这在当时也是极其少见的。

此外，附近还有高尔夫球场及斗鸡场，游泳池旁是海明威四只爱犬的墓地。

此时的我，对海明威有了与先前不一样的感觉和印象！

我难以理解的是，海明威为什么在 1961 年夏季选择结束自己的生命呢？当然他自杀身亡的地点并不是在古巴，而是在美国的家中……

回到市里，我来到革命广场（Plaza de la Revolución，原名公民广场，古巴革命后改为现名）。建于 1959 年的革命广场，是世界最大的广场之一，在这里举行过许多政治游行，更是菲德尔·卡斯特罗及其他政治人物经常发表演讲的地方。

故居里的小艇　海明威爱犬墓地

国父纪念塔相当雄伟

↖ 一边一个大英雄　↑ 古巴革命博物馆前的长明火焰

下车后，我直奔广场一处有着巨大切·格瓦拉铁艺画像的建筑物，与他并列的是古巴革命司令卡米罗的画像。

不过放眼四周，发现广场的主角，其实还不是他们这两位巨星，而是何塞·马蒂国父纪念塔。

约 142 米高的纪念塔，也是哈瓦那建筑最高点，仅基座就高达 18 米，整个塔呈五角星形。塔内还有电梯直达顶端，不过要收 8 CUC 的门票（包括纪念馆）。

塔前，是高为 17 米的何塞·马蒂大理石雕像，纪念塔后，则是卡斯特罗的办公室。

如果与北京天安门广场相比，广场的面积实在不大，不过这里的纪念碑和雕像，还是相当震撼人心的！

离开广场，来到古巴革命博物馆，想详细了解古巴革命历史。

该馆离海边不远，地理位置十分优越，其实博物馆的前身是古巴总统府，从 1920 年到 1959 年革命胜利，历任总统都居住在此。

馆内主要陈列了介绍古巴近现代史的各种文献和实物，主线是古巴人民反对殖民统治、争取民族独立的历史。

博物馆大概设有30个展室，其中只有一两个展室提供英文宣传资料。不过这些宣传资料的字体太小，展品的布局也比较杂乱，看起来还是很费劲儿的。更不能让人忍受的是馆内的温度，几乎可以用热到极点来形容。

我纳闷儿的是，这样一个有着非凡意义的博物馆，竟没有空调，待了不到一个小时，我就逃离了。

站在空地上，看着十分高大的博物馆，我想，即便不是为了提升游客的参观体验，就算是为了让古巴人了解本国革命史，为了保护古建筑，不让海边酸性空气侵蚀建筑，都应好好保护这座优美且具有里程碑意义的文物啊！博物馆一进门的墙上，至今还留有古巴革命时的枪眼，它们都是历史最鲜活的证明。

革命博物馆

五分钱小酒馆　酒馆内

唉，这是第一次未能从一个国家级博物馆中，静静欣赏和了解该国的历史和文化，心中不免遗憾。

晚上，打算以另一处海明威活动遗址作为我红色游的结尾，即离大教堂不远的“五分钱小酒馆”。

当年，海明威可没少来这儿喝酒。据说小酒馆的招牌还是海明威亲手书写的。小酒馆是各时期名流雅客们必选之地，也是普通游客古巴行必到景点！

海明威的最爱（Mojito）

颇有艺术天赋的古巴人

2017年8月13日

↑ 咖啡馆外 ↗ 特色咖啡店

来哈瓦那已经3天多了，我对这座城市（主要是老城区）可以说已经非常熟悉，有的街道、景点走过多次。

其实，哈瓦那不大，人口只有213万，加之城市布局紧凑，所以每每在晚餐后，走在回民宿的小巷里，已经觉得自己与当地人并无二样，只是语言和肤色完全不同。

既然都快成当地人了，那就入乡随俗吧。

我决定最后的早餐不在“家”里吃，而是到离“家”仅几十米远

真是早起的鸟儿有食吃

的老广场，坐在当地非常有名的咖啡馆 Escoral 的太阳伞下用餐，像当地或其他以面包和咖啡为早餐的欧美人一样。

据介绍，该店的咖啡很有名，我点了杯典型的鸡尾咖啡，杯底是糖浆加贝利酒。

咖啡送来前，我进店里看了看，发现这家店相当西式，除了桌上小摆设是典型古巴妇女造型外，其他几乎都是按照欧美标准设置。墙上电视里播着 CNN 新闻，伙计们穿着标准美式服装。我真的无法想象，这里可是古巴！

实际上，在抵达古巴后的几日里，我发现，满大街游客中，其实美国人的比例并不低。尤其是那些老爷车车窗前，或人力车前面，几

↑ 随处可见的雕塑 ↗ 香水店

乎绝大部分都挂着美古两国国旗，有的甚至只有美国国旗，或美国国旗图案的变形挂件，服装或帽子上也常发现美国国旗图案。也难怪，目前迈阿密的人口中，据说古巴人已经占到了95%，彻底断绝来往，也是不太可能了。

快暂时离开哈瓦那了，我开始计划把前几天该去，而没去成的地方补上。

介绍古巴国酒朗姆酒生产过程的博物馆，当然不能不去。

当我早上来到朗姆酒博物馆时，却被告知，要中午12点才能开门迎接游人，对于不太懂酒的我，只好放弃了这个“打卡地”。

“东边不亮西边亮”，我正好借机沿着海岸边，步行到古巴艺术品市场，看看海景及市场周边环境，顺便购买点纪念品。

还未到艺术品市场，老远就看见了周边一些装饰物品：那些涂抹着鲜亮颜色的柱子，用废旧机器，如火车头等改装而成的艺术品，这不禁使我想起前不久刚在北京参观过的798艺术区。

其实整个哈瓦那，无论是殖民时期的建筑、老爷车、还是当代建筑上的各种标识，都很有艺术气息。

离开艺术品市场，不知不觉中，来到 1791 香水店，这里竟然是一所博物馆。

这是所古老的房子，楼上是生产车间，楼下是销售商店，商店的陈设和家具，传统的容器和香味，仿佛一切都还停留在 18 世纪或 19 世纪一般。而更让我这上电影迷联想到的是获多个知名电影节大奖的电影《香水》。

应该说，古巴人具有很高的艺术品位和天赋，即使从那些破旧建筑，也能看出其独特艺术风格和水准，大量雕塑和街头艺术，更是弥补了房屋破旧和城市老化的不足。

为了系统了解古巴艺术的历史和成就，我先来到位于中央广场的哈瓦那大剧院（亦称加利西亚宫），这里也是古巴国家芭蕾舞大剧院，世界上许多著名芭蕾舞巨星都曾在此演出。顺便提下，古巴的芭蕾舞水平是享誉世界的。这从大街小巷贩卖工艺品的商店和小贩那

艺术品市场外

里，都可以得到印证，许多各异材料的工艺品，题材造型都是芭蕾舞演员。遗憾的是，游人不能随便进入剧院。

时间又不早了，我赶紧到革命博物馆前的广场最后看一眼。

这里不仅靠海，精美雕塑群更是非常吸引眼球。绕场一圈后，发现四周空无别人，除了一对外国游客正在看 *Lonely Planet*（《孤独星球》）。我不好意思地询问了下此碑的故事背景，得知原来骑在马上的勇士叫 Máximo Gómez，是一位西班牙人，也是一位少将，他率领古巴人民进行了民族独立战争，但不幸遇难。古巴人民为了纪念他，建造了如此宏伟高大的纪念碑。

不得不说，古巴人民及政府对帮助过他们的人是慷慨的、感恩的。仅从外表看，纪念碑不仅尺寸巨大，雕刻的图案和人物很多，且工艺精湛。尤其与众不同的是，纪念碑使用了黑白对比强烈的两种颜

西班牙勇士雕像

色。总之，无论是从政治意义上考量，还是从艺术角度欣赏，这座纪念碑都堪称精品。

西班牙驻古巴大使馆

非常有趣的是，它的旁边就是同样规模恢宏，占地面积巨大的西班牙驻古巴大使馆，而雕塑纪念碑前面，就是西班牙人建立的防御工事，拉蓬塔城堡。这样的布局或巧合，真是令人遐想，也说明时代的变迁。

总之，当游客流连于此，那些历史上的纷争，似乎都变得不那么重要了……

古巴特有的咖啡

初识“英雄城”

2017 年 8 月 14 日

昨晚乘长途车时的外景

昨晚 10 点多，我搭乘古巴专为外国人运营的长途汽车（ViaZul），从哈瓦那，奔赴古巴东部城市圣地亚哥。

900千米路程预计约15个小时完成，我们却晚了45分钟，好在沿途风景相当美。

↑ 圣地亚哥的建筑外立面颜色鲜艳

↓ 用色是不是很大胆

古巴虽然完完全全是个岛国，但如果仅看它的土壤和植被，根本无法判断出这是海岛，很多地方完全不是我想象中贫瘠的沙质土，取而代之的是黑色、肥沃的土壤。

一路上，除了看见少量农田种有玉米和甘蔗，其他大多是草地和树林。略显起伏的地形，灿烂阳光洒在绿色地毯上，让人感觉像是到了伊甸园。偶尔出现的牛羊，低头慢慢吃草，配上湛蓝的天空，真是一派恬静的世外桃源。

仔细看了路过的村庄和小镇，发现古巴农村的住房要比中国农村的房屋讲究：首先，它们都是二层楼房，且都有小院子；其次，五彩的建筑涂料将建筑装扮得光彩夺目，就像哈瓦那一样，具有鲜明的加勒比特色。其实，关于这点，还在哈瓦那时，我也颇感新奇和不解。

↑ 古共圣地亚哥所在省委员会
↓ 何塞 · 马蒂塑像塔基

古巴农村的居住条件似乎不比城市差，当然这有点想当然了。我问过一个当地的中国人，她说，古巴有的房子从外表看很不错，但里面设施未必好；相反，有的建筑外表看平淡无奇，里面却别有洞天。我从近几天居住的民宿以及“偷窥”街旁当地人住房内部，就基本看出来了。

刚想小憩一会儿，圣地亚哥到了！

刺眼的阳光，火辣的温度，这一定是一座与哈瓦那不一样的城市！

圣地亚哥位于古巴东部，也是古巴曾经的首都，为古巴第二大城市和第二大港口。由于城市地处于山区，街道要么上坡，要么下坡。不过，这倒给这座城市增添了几分魅力。

再加上这座城市被马埃斯特腊山和加勒比海环抱，气候宜人，很容易给游客留下不错的第一印象。

为何叫英雄城？因为19世纪的三次独立战争都发源于此，加之原住民时期养成的尚武精神，因此圣地来哥有了“英雄城”这样的殊荣。

这里的街道比首都干净整齐了许多，风格迥异的房屋，虽然看起来颇有沧桑感，但都很漂亮，危房或破旧待修房屋也比哈瓦那少多了。看看普通人家的房子，大都收拾得干净漂亮，除了没有哈瓦那那么湿润外，其实我感觉，圣地亚哥要比哈瓦那精致，有吸引力。

但与哈瓦那相似的是，圣城也有许多革命印记，比如说革命广场、各种各样的雕塑、纪念石碑等。

何塞·马蒂广场

在马蒂广场附近，很远看见P.P.C字样和已故国家元首菲德尔·卡斯特罗的画像，走进一看，即便是西班牙文也能辨别出来，这是古巴共产党省委大楼，这对于我来说，还真是非常亲切。

不远处就是何塞·马蒂广场，全市最有名的、最热闹的市民聚集地。

广场上立着三个纪念碑，还有“7.26 运动”（指 1953 年 7 月 26 日，古巴 150 多名革命青年发起的反对巴蒂斯塔政权的武装起义）的

晚霞十分美　回家的路

旗帜，一看就是红色纪念地。

大概是因为广场周围能上网，环视四周，我发现广场上人很多，不仅有当地人，还有不少游客。

此时，已经夕阳西下了，马埃斯特腊山忽隐忽现，看来是晚餐时间了。

我期待着明天的关塔那摩湾之行，对于圣地亚哥居民，甚至是古巴人来说，那里都是极少有人能前往的地方。个中缘由，我不说，大家也能揣摩到。

古巴人的音乐和艺术感随处可见

关塔那摩之行

2017 年 8 月 15 日

从圣地亚哥乘坐 ViaZul，不到两小时，就到了关塔那摩的省会城市——关塔那摩市。

走出车站，发现外国人很少，想找到像样的出租车也很困难。好不容易找到一辆，因为语言障碍几乎无法讨价还价。司机灵机一动，

请来了一个意大利人帮忙翻译，终于谈妥了价钱。

于是我坐着老爷车，去往离市区南面 20 千米，专门用于观看美军基地的一座小山。

这座山不高，山顶也不大，方圆不过几百平方米。为了看清楚关塔那摩美军基地，我花了约两美元，登上了“瞭望塔”。

看着长约 19 千米，宽约 9 千米的关塔那摩海湾，我此时才明白，美国人为何要在此地建立海军基地。

尽管 1898 年，引起美西战争的“缅因号”军舰被炸，就发生在哈瓦那港口，美海军陆战队当时登上的却是关塔那摩海湾良港。因为它扼大西洋进入加勒比海通道，战略位置不言而喻。

更有意思的是，面积共 117 平方千米（港湾水面 70 平方千米）的关塔那摩海军基地，从 1903 年起，租金每年 2000 枚金币，约合 4000 美元出头，近百年来一直未变。

左边山后那片白色的地儿是美军监狱和医院，右边是美军军用机场

↑ 马蒂广场小巧玲珑 ↗ 马蒂广场雕像

从 1959 年古巴革命胜利之后至今，归还基地的话题一直不绝于耳，但即使到了此时此刻，游客也只能站在远处，用望远镜看看，过过眼瘾。不过，这对于古巴来说，不啻为一个很好的旅游噱头。

离开山顶，回到市区，街上到处是鲜花夹道“欢迎”，房屋也比圣地亚哥更艳丽。通常，来关塔那摩的游客，大多选择在关塔那摩市住一晚，像我这样当晚赶回圣地亚哥的不多。

为了抓紧时间，进城后，我首先直奔中心广场（马蒂广场），就像其他城市一样，马蒂广场也是市区最热闹的地方。除了人流量大、风景优美外，其实一个很重要的原因，是广场有网络覆盖。在广场，你能看见拿着各种手机的年轻人在上网，男男女女，边看手机、边聊天。我稍微观察了一下，发现不少年轻人用的是智能手机，大概是古巴人的风格，许多小姑娘都用色彩艳丽、图案卡通的手机套。

离开马蒂广场，打算去参观市博物馆，但不知为何，博物馆关门了。我想询问旁边的几位居民其中缘由，但他们都无法用英语交流。最后，一位中年妇女示意，她亲自带我去。

我猜想，那一定是另外一个博物馆。我跟着热情的“雷锋式向导”大姐，在她的各种手势和嘀咕声中，我们走过了三四个街区，来到一座小建筑物旁。“向导”拍了几下后，有人开了门。原来果真是博物馆。

买完门票，我进入博物馆，发现墙上挂的都是一位欧洲男士和家人的照片，后来才得知是曾经当过该市市长的 Pedro Agustin Perez。

再往里走，还有卡斯特罗兄弟的照片，可惜所有介绍文字都是西班牙语，正当我一头雾水时，一位小伙不知从哪儿弄来了一本英文小册子。尽管小册子与博物馆无关，主要是介绍关塔那摩市的风土人情，但依然让我喜出望外。我们相互一笑，击掌庆祝！

出了博物馆，我打算再往市中心走走。

↙ 闭馆中的市立博物馆　↓ 博物馆的小院

我躲雨人家的客厅小电视

加勒比海岛天气真是说变就变，一块乌云飘来，说时迟、那时快，一阵“倾缸大雨”立刻浇了下来，我打着伞似乎也无济于事。我不得不站到了一个街角房檐下。

雨越下越大，这时听到背后有人说话，一位妇女让我进她家里躲雨，这让我备感温暖！

进得屋里，定睛一看，发现这家相当贫困，茶几上一台12英寸黑白电视机，几乎看不清画面；我坐着的椅子后面，雨滴掉在了一堆“柴火”边，正对着的地方也有雨水掉到地面。

不过，这家的两个小孩很有礼貌，小姑娘抱着一只小猫，虽然没有说话，但看得出她有些好奇。也很好客的小伙子点头微笑着向我打了招呼。

等了一小会儿，雨快停了，我决定要走了，就在这时，女主人问我要不要来杯咖啡，我已经觉得很给这家添麻烦了，于是我边说谢谢，边迅速往外走去。

走了一段距离，回头看见，那一家人还站在门口，我向他们挥手致意。说实话，我此时的心情颇有点五味杂陈，特别后悔为何没有与他们留影……

回程的时间快到了，我租了辆人力三轮车，坐上车，仔细瞅了瞅，发现蹬车师傅年纪已经不小了（一般年轻人干这行的多）。他吃力地蹬着车，身上豆大的汗珠不停滴落，他时不时地用毛巾擦汗。

在这样骄阳似火的天气中，还要辛苦工作，我的心里很是忐忑不安。谢天谢地，大约半小时后，长途车站到了。

临下车时，我多给了他 1 CUC（1 CUC=25 CUP，当地人使用的货币），希望他能多休息一会儿，也减轻我心里的不安！

再见了，关塔那摩，几乎所有人都知道这座城市的名字，却没有多少人真正来过这座城市！

其实，关塔那摩有着非常优美的自然环境和生态系统，特别是植物资源十分丰富，它的一座植物园还获得了 UNESCO 自然遗产称号呢！

↑ 在高温下拉车实在太不容易了

令人出乎意料的圣地亚哥

2017年8月16日

今天是来圣地亚哥的最后一天。

一大早，坐上前天接我的那辆老爷车，我直奔圣地亚哥最佳旅游景点圣·佩德罗-德拉罗卡堡。

城堡离市里也就10千米，虽然路程不长，但天气炎热难耐，车里更令人窒息。

司机带上了他爷爷，与司机小伙艰难地交流了一下，得知他爷爷今年72岁，曾经是圣城教育局局长。他自己大学毕业，学的是游泳专业，从他的身材和气质看，确实是运动健将一枚。

他爷爷不能说英语，不然还可以聊聊当地的中小学教育问题。

整个一上午，他爷爷净为我开车门了，对此我感到非常不好意思，也觉得老人没有出去教“课外班”或发挥余热，有点“遗憾”。当然，这只是我们中国人的思维方式，也纯属玩笑，古巴人可不把挣

圣·佩德罗-德拉罗卡堡

钱作为唯一或主要生活目的，他们虽然经济困乏，但似乎人人都活得很开心。难怪多年来，古巴属于联合国人类发展指数非常高的国家，2014年全球排名第44位，平均寿命78岁多，这不得不让我惊讶，甚至有一些艳羡！

车开了不久，城堡很快便出现在我眼前。

停好车，小伙子护送我走了不短的一段路才到入口。其实，从远处和外面看，城堡其貌不扬，只有一点平顶的影子露出地面。

然而，进得门来，才认识了“庐山”真面目。

与哈瓦那城堡建设主要是军事原因不同，建设德拉罗卡堡，主要是出于经济和政治目的。因为17世纪，加勒比海地区商业和政治竞争激烈，统治者为了加强地位和利益，决定在海岬上建筑防御工事，

↖↓ 圣 · 佩德罗 - 德拉罗卡堡　↑ 城堡远眺　↗ 格兰玛岛

以保护重要港口城市圣地亚哥。

从整体结构看，德拉罗卡堡类似意大利建筑风格，是根据意大利文艺复兴原理设计的复合建筑体。城堡结构和墙壁都很厚重，建筑材料像是泥土混合着海里的岩石，甚至有许多贝壳，但材料是经过很好粘连的。

很难想象，在当时机械化水平低下的年代，是如何设计出如此巧妙的结构和大小不同、功能不一的建筑空间的。

德拉罗卡堡包括堡垒、军火库、工事和大炮，据称是拉美地区军事建筑中，保存最完整、最好的，因此 1997 年被列为世界文化遗产。

站在城堡中间，我试着穿越一下，幻想着当时现场也与目前一样，只是现在的工事里，没有笨重的炮弹和身着盔甲的士兵。

上了几级台阶后，加勒比海的美景尽收眼底。看着那蓝绿色的海水，拍打着岸边的浪花，此时的心境完全消弭了难耐的酷暑。

往西北方向看去，比较一下地图，得知那便是著名的格兰玛岛，是对古巴革命有着特殊意义的地方：1956年年底，卡斯特罗率领81名起义战士从墨西哥返古，他们在岛上打游击，并从该岛出发，最后推翻巴蒂斯塔政府。

↘ 换岗仪式 ↓ 卡斯特罗的墓地

怀着不舍之情，我们驱车来到第二站，圣伊菲赫尼亚墓地（或何塞·马蒂墓）。

到大门口时，正好11点整，稍稍站定，每隔半小时一次的换岗仪式开始了。

4位持枪士兵，迈着军人正步，抬腿与地面成直角，整齐划一地走出一座白色建筑物，伴随着悦耳的曲子，士兵们缓缓走向马蒂墓地，换岗回来的士兵，又同样齐步走回原地。

仪式结束后，游客又自发排队走向卡斯特罗墓地。

许多当地人都拿着鲜花，作为外国人，我没有任何准备。我走到卡斯特罗墓前，俯身鞠躬，以表达社会主义国家友人，对于建立古巴民主共和国功勋卡斯特罗的敬重。

其实，这个墓地的主角儿并非“老卡”，该墓地是埃米利奥·巴卡迪和在袭击蒙卡达兵营中牺牲的革命军士兵的公共墓地，最大的一块墓地是古巴建国之父何塞·马蒂的。由6根巨大的柱子包围的半圆形屋顶下，伫立的是马蒂雕像，他的石棺上盖着古巴国旗，据说6根柱子象征着西班牙统治时期的6个省。

虽然是墓地，我却在此花了不少时间，因为整个墓地十分壮观，景色优美无比，清一色白色大理石石棺和石碑，令人肃然起敬，在清

墓地一角

↖ 马蒂墓地　↑ 墓地一角

澈的蓝色天空下，它们显得纯洁高尚。

有意思的是，大部分墓碑上都有十字架，这对于红色烈士似乎有些格格不入。但如果你了解古巴历史，也就不那么好奇了，但无论如何，这都是一种另类，也是一大奇观！

上午最后一站是蒙达卡兵营博物馆。

这座点燃了古巴革命导火索的兵营，建于1938年，是巴蒂斯塔政权军队在古巴的第二座重要兵营。1953年7月26日，卡斯特罗率领革命军攻打蒙卡达兵营，但以失败告终，很多战士牺牲，卡斯特罗本人被逮捕。

在博物馆入口处，依然可以清晰地看到许多弹孔。

蒙达卡兵营博物馆

博物馆里，陈列了许多与古巴革命相关的文字、图片、实物等，虽然介绍都是西班牙文，但依稀能看出概况，古巴革命成功，也是以革命斗士的鲜血和不屈不挠的意志换来的！

午餐后，步行来到另一处博物馆，该馆的二层是原主人收藏的油画作品，虽然它们算不上精品，但也看得出主人的艺术眼光和经济实力，一层的展品许多都与古巴的古地质起源有关，此外还有一些殖民时期的器具、物品等，甚至有大量古巴革命时期领导人等的军事图片。

有意思的是，按照景点介绍，该馆是朗姆酒博物馆，这还真是应了中国成语“张冠李戴”了。

一整天游览和知识吸收，令我略感疲惫，加之气温极度难耐，我

教堂很宏伟 静谧的氛围让旅客很容易进入小憩状态

迅速挪步到旁边的教堂。

这座建于1518年、位于市中心广场的大教堂，也是古巴天主教位于圣地亚哥的总教区，坐在教堂里，疲倦的身体逐步得到缓和，不知不觉中竟然进入了梦乡……

教堂旁边婚纱照舞台

五彩缤纷的特立尼达

2017年8月17日

昨晚7:30，搭上去特立尼达的长途大巴，经过近12小时夜行，于今天清晨7:10抵达特立尼达。

特立尼达市位于古巴中部地区，人口只有7万，中心城区甚至只有约3万人。特立尼达虽然很小，但属于古巴旅游城市。

一出大巴车，眼前的景色和人流都与前面两个城市大有不

特立尼达居民

↖ 广场前的这对金属狗很有讲究，正对教堂

↑ 建筑博物馆值得一逛

同。从车站到民宿的路上，都是高高低低的石头路面，两边大多是色彩缤纷的低层建筑，加之气温比前面两个城市低，我几乎立刻喜欢上了特立尼达。

办完入住手续，立刻来到城市中心地带，即特立尼达主要景点——马约尔广场。

广场上主要有几座建筑物，一座是古巴广场永远不变的教堂，另一座是广场左侧的考古博物馆。

考古博物馆不大，里面陈设非常紧凑，但还是看不懂介绍，猜想是古巴甚至是美洲地区远古时代历史，因有许多石器工具、人的头盖骨和骨骼等。

让我大吃一惊的是，房间里竟然没有空调，有的展品还暴露在空气中，太不可思议了！

广场对面是现代艺术画廊，右侧是建筑艺术博物馆，虽然是建筑博物馆，但关于建筑的展品并不多，有些瓷器等艺术品。

特立尼达市里最有特点的两处景点，一个是对外战争博物馆，馆

对外战争博物馆外观

里拥有大量古巴革命历史资料和图片，院子里还有卡车、舰艇等实物。馆中图片资料异常丰富，战争路线图绘得既清楚，又便于观察军事进程，可以想象，策展人是下了功夫的。

更有意思的是，从该馆的楼梯能登到建筑物塔顶，站在塔顶，颇有当年卡斯特罗指挥千军万马的元帅体验。

另一处景点是离对外战争博物馆不远的市立博物馆。

其实，该馆展品也不多，大多是殖民时期艺术品、民用餐具等，但该馆一绝，是登到楼顶的旋转楼梯，其狭窄的程度一度令我生畏；但到了楼顶，将城市景色尽收眼底时，心情之愉悦，简直无法言表。

站在塔顶，似乎也意味着我来到了古巴之行的巅峰！

中国人常说，“上山容易下山难”，然而此时的下坡路，却预示着游兴上升。因为，下得塔顶，只见不远处很热闹，我寻声来到广场附近一个鲜花盛开的地方。

↗ 战争博物馆塔顶的钟

→ 市立博物馆通向顶端的旋梯窄得吓人

马车在特立尼达很常见　正在招揽游客的马队

这里是个坡地，有许多级台阶，游客们席地而坐，或购买饮品后，坐在铁艺桌椅旁，旁边就是吧台。

顺便提下，古巴人似乎都很爱喝啤酒，几乎把啤酒当成了饮用水。

过了大概半个小时，忽见舞台上陆续上去几位古巴音乐人，他们很快组成了一支乐队，热情的打击乐和强节奏鼓点，引来游客阵阵掌声，伴着快速节奏，大家一起兴奋起来。

市立博物馆楼顶远眺

特立尼达音乐人

边奏、边唱、边舞，是古巴人的传统风格，火辣的舞台背景，加上欢快的音乐节奏，此时，相信所有游人一天的疲劳，都被驱赶一空。

特立尼达进入傍晚时分，想必餐厅老板们正等待着游客的惠顾光临。

我住的这家民宿建筑有110年历史了，当地民宿叫CASA

因祸得福的洛斯因赫尼奥斯山谷

2017 年 8 月 18 日

睁开眼时，已经 7:30 了，稍微整理下昨晚落下的“功课”，美丽的景色让人不愿意收拾沉重的行李。

尽管外面烈日当空，我决定，还是利用在特立尼达剩下的三四个小时，做一次郊外游（洛斯因赫尼奥斯山谷游）。

来到塞斯贝德斯广场，与出租司机讨价还价一番，坐上在古巴头一次遇到带空调的老爷车，我们前往洛斯因赫尼奥斯山谷（The Valley de los Ingenios）。

山谷距离市区 12 千米，是相距不远的三个相连山谷的统称。1512 年，西班牙殖民者带着甘蔗茎来到山谷，通过组织奴隶劳动，山谷逐渐成了甘蔗种植园。

随着时间的推移，山谷成为古巴制糖业中心，兴旺时期，这里曾有 70 多家制糖厂同时生产加工，共雇用 3 万多人劳作，因此这里也俗

↑ 塞斯贝德斯广场 ↗ 所剩不多的甘蔗地之一

称为糖谷。如今，大部分糖厂不复存在，仅剩下少许甘蔗地和加工厂。

从城里出来，比预想的还快，就到达了第一个山谷（Mirador de la Loma del Puerto）。这是一片充满绿色生机的田园风光，

像是一大块天然绿毯罩在起伏不一的山坡，绿地上散落着的棕榈树，让这片绿地不那么单调。

来到坡顶，放眼望去，一片绿油油的世外桃源景色，完全抹去了我头脑中甘蔗园和奴隶干活的初始概念，只是旁边留下的一两个榨甘蔗工具，还能看出这里曾经是甘蔗的天地。

为了察看殖民时期甘蔗生产遗址，我来到了位于 El Vallecito 的甘蔗工厂。

这里看上去十分荒凉，从大路往里开一段土路后，车停在了一座废墟旁，在交了 1 CUC 后，我来到一座废弃的建筑物前。绕场一周后发现，这还真是一座废墟：空空如也的房屋，除了门口一台锈得一

↑ 瞭望塔

↓ 废弃的甘蔗工厂

塌糊涂的机器外，房子里几乎只有穿堂热风。

站在炎热的空地，看着那些破旧的榨甘蔗的机器和残留的建筑遗迹，我忽然想起20世纪80年代初，在中国上演的巴西热门电视连续剧《女奴》（在巴西叫《女奴伊佐拉》）。

之所以提到巴西的文艺作品是因为，古巴是西班牙的殖民地，巴西是葡萄牙的殖民地，两个国家有着十分相似的经历，只不过古巴属于北美，巴西则是南美，而《女奴》描写的正是甘蔗园的生活。

这部剧改编自19世纪巴西废奴主义作家贝尔纳多·吉马良斯的同名小说。故事发生在巴西废除奴隶制的20多年前（1888年正式废除奴隶制）。女主叫伊佐拉，她是一个乡绅家的黑白混血女奴隶（演员为白人），乡绅的儿子叫莱昂西奥，在巴黎上大学，但纨绔的他没能毕业就回国了。

回家一见伊佐拉，立刻被吸引了，并试图勾引她。至今我都记得，片中的这个公子哥，长得颇像俄罗斯电影《安娜·卡列尼娜》里的男主渥伦斯基。他虽然仪表堂堂，内心却毒蝎一般。最后，在使尽

↑ 有没有点庄园主的感觉了？ ↗ 奴隶们曾经住房的地基

曾经榨甘蔗的机器

历史的见证

千般招数后，不仅没有达到目的，自己也饮弹身亡。

电视剧《女奴》当年在中国播出，可谓创下了多个奇迹，当时上演的外国影视剧十分稀少，更何况是国人不太了解的巴西。但就是这个长达100集，每周只播一集的肥皂剧（也是这部电视剧让我第一次知道肥皂剧的概念），却在中国引起了不小的旋风。

记得好像是每周六的晚上播出，那时很多人家还没有电视机，记得我们左右邻居都是挤到一位有电视机的人家里去看。其实，这部电视剧不仅国别与我们相距甚远，说的故事也较远，但两位男女主角的出色表演，跌宕起伏的故事情节，着实让中国观众深深地投入了观片和热议中。当时，用万人空巷来形容，一点不为过，受欢迎程度，怕也只有1990年上演的国产电视剧《渴望》能媲美。

当时，伊佐拉和莱昂西奥几乎成了人人谈论的对象，剧中有些台词也被记住和应用，扮演伊佐拉的演员也因出色的演技，而在1985年获得中国电视金鹰奖最佳外国女主角奖。其实公平地说，男主角的演技丝毫不逊色。大概是因为他是反派角色，在当时的中国，是不可能获奖的。各位读者知道吗，当时投给女主角扮演者的选票，竟然高

达 3 亿。这个成绩估计会令现在的中国演员望尘莫及。

好了有点跑题，言归正传！

绕到屋子前面，左前方有一处用砖头围起来的地基遗址，在回到民宿问了房东后才知道，大房子是殖民时期西班牙庄园主的住房（看来我的想象很有道理），左前方砖头垒出的地基，曾经是奴隶们住的地方；右前方则是一个瞭望塔，是用来监视奴隶干活以及晚上甘蔗园安全的。只是现在，曾经的辉煌也如这甘蔗园一般，一去不复返。

山谷游的第三站，也是特立尼达最后一站，是比较著名的种植园

鸟瞰庄园主的房子

Manaca Iznaga。种植园有一处标志性建筑伊斯那卡塔（Iznaga Tower）。塔高约45米，有6层楼高，建于1816年，至今保存完整。

据说，当时塔顶上悬挂铃铛，奴隶们每天根据铃声开始或结束一天劳作；高塔同时也充当瞭望台，用来监视奴隶，发现奴隶逃跑即刻报警。伊斯那卡塔比前面见过的瞭望塔更大、更高，登上这座塔，可以鸟瞰周围一切景物。

其实，山谷游是一次关于作物、环境、气候、工业、商业之行，正是由于庄园的凋敝，才有了今天的美丽环境和养眼之行；今天山谷生态环境的返古，既有工商业发展自然规律的因素，也有国有企业管理的弊端作祟。

↑ 伊斯那卡塔

据房东介绍，甘蔗园时代一去不复返，主要还是由于20世纪国有企业管理不善，工人逐渐离开这个行业和地区。但也许除了国有企业管理问题外，恐怕还有气候变化原因，该地区在近10年里降雨减少，天气变热。然而，正所谓“福兮祸所伏，祸兮福所倚”，停滞或废弃的甘蔗业带来了该地区原生态恢复，也带来当地旅游业繁华。2004年，特立尼达市和洛斯因赫尼奥斯山谷一起，荣获UNESCO世界文化遗产称号！

中国有句老话，“是你的别人抢也抢不走，不是你的自己留都留不住”。本来一开始，因为牙买加不愿意种植甘蔗了，才将甘蔗输入古巴特立尼达地区种植。最终，这甘蔗业还是“还”了回去，至于是还给了牙买加，还是其他国家和地区，也许可以留待下次旅行再来探索！

这世外桃源得好好开发下

猪湾战争与西恩福戈斯

2017年8月19日

昨天下午，乘车抵达了古巴中南部城市西恩福戈斯。

西恩福戈斯是西恩福戈斯省省会，全省人口只有40多万，是古巴最小的一个省。西恩福戈斯主要是由法国殖民者于1819年建成，以法式建筑风格而闻名，有“南部珍珠”之美誉。

西恩福戈斯吸引我的原因，除了她海滨城市的丽质外，就是离猪湾比较近。

从西恩福戈斯出发到猪湾，只有100千米的路程。为了充分利用好时间，刚到西恩福戈斯，我就到游客中心询问了租车事宜，并约好出租车今早6点来接我。

古巴的6点，天还没亮，阳台上只有星星和一弯月牙似的月亮。于是，在黑暗中我们上路了。一个半小时后抵达猪湾，当地叫 Playa Giron。

猪湾是我古巴之行最想访问的目的地之一，主要原因或唯一原因当然是 1961 年 4 月的猪湾战争。当年，美国在这场战争中完败，使得美国人在世界上颜面尽失。

战争失败原因当然各种各样，此时只是想从现场观察，到底是因为地势险峻、自然条件恶劣或是易守难攻的自然地形，还是其他什么原因，导致这场战争以极迅速节奏收场？

正在思考中，司机说猪湾到了。下车时正好 7:30，见猪湾战争博物馆前，一个小伙子正在升旗。此时的猪湾，万事宁静，太阳似乎还在“伸懒腰”，只有一两家商店在准备开张。

往前走了走，见有一座很不错的饭店。

绕行到饭店前的海滩，一眼望去，碧蓝的海水，白色的细沙，远处的浪花轻轻地拍打着海岸，加上晨曦薄薄的阳光，以及扑面而来的清新空气，实在无法将此画面，与 56 年前的那场海陆空战争联系起来。

站在海滩边，卡斯特罗叼着雪茄，在马背上，笑谈中指挥着古巴军队，抗击美国古巴人雇佣军的片段，不断闪现在脑海里……仅持续

↑ 博物馆前的一个人升旗仪式 ↗ 外面的展品弥补了我等不及开馆的遗憾

↑ 如此安静而美丽的海滩早已不见了过去的弥漫硝烟

↓ 酒店前的游泳池，一片寂静

两三天的猪湾战争以美国完败、古巴完胜画上具有里程碑意义的句号。肯尼迪与卡斯特罗的较量，又或者是美国与古巴的斗争，也以此暂告一段落。

今天，站在曾经的焦土上，战争以及导致战争的原因都已成为往事，有趣的是，靠近海滩的这座古巴饭店，门前却挂着美国、英国、德国等国的国旗。时代是向前的，追求美好生活是各国人民共同的愿望。过去的历史，就像这家饭店与海滩间的那座泳池一样平静，所有的恩恩怨怨，早已成为历史尘烟！

离开博物馆，开车沿着猪湾海岸走了一段时间，不久就到了 Fish Cave 景点，这是西恩福戈斯 50 多处浮潜点之一。是一处非常奇特的地方，司机带我走进森林茂密的道路尽头。

这条路是由海里的岩石铺就的，两边的树林间有参天的仙人掌站岗。

走了几分钟，见有一潭清水，面积不大，是一片弯曲的池水，但水深大约 20 米，别看面积不大，其貌不扬，这里却是浮潜的绝好地方。

我站定后发现，其实水里别有洞天，一些典型的热带鱼不时浮现到靠近水面处。但如果仅从水面看，只有黑色小鱼在辛勤地忙碌着。不过正如它的名字 Cave 所指，水下是地下岩洞，要不怎么浮潜呢！

↑ 这水下有更多动物在岩洞里

不过，对于学生态专业的

鳄鱼公园很原生态　如果它不张嘴，与泥巴无别

我而言，与其说此处以水景为主，不如说它是一个小原始生态系统：稀奇的树林，珊瑚礁的池边，盘根错节的树根和土壤，以及在岩石上爬行的动物如螃蟹等，这里实在是一个物种丰富的生态系统。

这里又或者说整个古巴，都可谓是一个大的、相对原始的生态系统，此处不过是古巴的缩影而已。

滨海大道

↖ 这真的不像古巴其他城市　↑ 居民休闲

离开 Cave，猪湾之行的最后一站是鳄鱼公园。

该园面积不小，里面饲养了200多条鳄鱼，但这些鳄鱼不知是嫌太热，还是太懒，几乎纹丝不动，偶尔一条张开大嘴的鳄鱼，立刻引来无数闪光灯。

但深深吸引我的，不是凶狠的鳄鱼，而是公园的设计。

公园毫无人工雕琢之感，简朴的茅草房，特色的小木屋，在淡蓝色天空下，水、花、草、动物都成了原生态里的珍稀物品，在其中穿行，真可谓一步一景，手中相机也一直勤奋地记录着这难以言状的美色……

回到市中心，我才开始仔细观察这座城市。这是一座以名人命名的海滨城市，古巴人以此纪念他们非常敬重的民族英雄、革命家卡米洛·西恩福戈斯。

↑ 法式宫殿

↓ 法式宫殿里太美了，无与伦比

西恩福戈斯人口只有17万，它是我古巴行中一个留下了非常深刻印象的、富有的城市。它不仅自然环境富有，市民过得也相当富裕，整个城市还享有UNESCO世界遗产称号。

看中心区的房子，虽然与前几个城市没有什么大的不同，但其现代化程度，完全可以与欧洲一些小城镇相媲美。特别是沿着加勒比海岸行走，路边房屋或别墅之高档，数量之多，让我刮目相看。

再看街上行人，一看就属于见过世面的，他们表情自信，着装现代，街上也几乎看不见老爷车，超市里不仅商品琳琅，且供应充足，当然，价格显然比其他城市贵许多。

看着这繁华美丽的城市，我无比好奇，到底是什么原因导致了它的富庶，它的与众不同？是旅游城市、港口城市的特殊定位，便利的交通，还是其他原因？

要想彻底找到问题的答案，最大的障碍是语言。看来，非得学习西班牙文不可了！

马蒂广场附近

↑ 西恩福戈斯建筑风格丰富多彩 ↗ 富人的别墅

不过另一个想法也立刻闪现在头脑中，古巴有着丰富的旅游资源，独特的政治制度和优越的地理条件，但国人对此并不了解，也许对于国内从事旅游策划和经营的人，这里正是一个有待挖掘的非常有潜力的市场，正如人们耳熟能详的那个“到非洲卖鞋”的故事一样。

↑ 临海给宫殿又增分不少

永远的格瓦拉

2017年8月20日

↖ 清晨的“胡同”很清新 ↑ 昨天傍晚抵达时更美

清晨，天刚蒙蒙亮，忽听一阵公鸡打鸣声。再一会儿，教堂钟声响了。

看着窗外冉冉升起的太阳，呼吸着经过昨夜大雨洗涤后的清新空气，心情为之愉悦！尽管随着太阳的升起，气温将迅速升高。

洗漱完毕，带着略微严肃又十分期待的心情，我步行前往离住处两千米左右的切 · 格瓦拉墓地纪念馆。

一路上，仔细端详着圣克拉拉小城，以弥补昨天刚到就碰上大雨

↖ 殖民时期儿童生活艰难，靴子都是破的，市中心广场甚至不允许当地人进入，如今穷孩子却占领了广场 ↗ 这是一位当地人十分尊重的妇女（Marta Abreu de Estevez），她给当地捐助了大量资金用于教育、艺术、宗教等活动，这是我在古巴看见唯一没有国父塑像的中心广场 ← 这个涂鸦有点毕加索的味道 → 科幻场景 ↙ 旅店招牌 ↘ 旅店招牌

的遗憾。

仔细观察每一条街道，我发现这里的街道干净整齐，房屋风格各异，街上行人穿着时尚，气质现代。

路过广场时，我也像当地人一样，买了个热狗，味道不错，仅需 10 CUP（约合人民币 2.8 元）！

迎着朝阳，我边吃、边走、边欣赏古巴街头艺术。

说真的，我对古巴人的艺术品位非常欣赏和羡慕。看过好几个古巴城市了，觉得很多壁画（墙上涂鸦）和广告设计得都非常独到，有的笔触细腻，有的夸张大胆，有的色调淡雅，有的色彩艳丽。

总之，我越来越喜欢古巴的艺术、古巴人、古巴的城市……

突然，眼前出现了许多的树木，道路变宽，左边显露出大片草地。

往前看，木棉花在雨后显得更加红火，三角梅也长得异常高大茂密，大串大串的花朵艳丽动人，这是勇士战斗过的土壤催生出来的花朵，是对英雄及其伟绩的赞扬加褒奖！

穿过马路，格瓦拉高耸入天的铜像立刻映入眼帘，我加快步伐，迅速走到入口处，却被穿军装的工作人员叫住了。

我被告知，要把所有随身物品都寄放在离纪念馆不远的一座房子里。按照规定，游客只能空手而入，不得携带任何物品。

刚到入口，我已经被纪念馆的高规格所震撼了！

进入展厅，一阵在古巴从未体验过的凉气扑面而来。我扫了一眼大厅，发现展厅的内部空间并不是特别大，但能看出布局很科学，一些格瓦拉生前用过的物品，被静静地安放在了密封很好的玻璃柜里。这些物品十分珍贵，只是大多数展品都只提供西班牙文介绍，这实在是一件憾事。

纪念馆非常突出的一个特点是，保存有大量格瓦拉生前的日记，看着这些日记，不难想象，在当时枪林弹雨、颠沛流离、生活窘迫情况下，能记下这些真实感受和一手资料，是多么不容易的一件事。这些资料也为后来研究格瓦拉的学者、专家，留下了一份宝贵遗产。

纪念馆另一大特点是，大量展品都是图片，它们是不同时期格瓦拉的珍贵留影，包括在他的祖国阿根廷生活时婴幼儿时期的照片，学生时代风华正茂英姿飒爽，在墨西哥与卡斯特罗初识的场景，在古巴参加革命斗争的戎装照，牺牲前被捕时的照片甚至是牺牲后的遗容。

展厅中很多图片，在其他革命博物馆里，从未展出过。

第一个展厅在意犹未尽的思绪中结束，我被一位女士带到了另一个关着门的房间，进去后光线很弱，正对面就是一些小型石头浮雕头像。问了问工作人员，得知这些都是与格瓦拉一起在玻利维亚战斗中

存包处都很不一般

牺牲的战士，一共 29 位。每个雕像旁边都插有一支玫瑰，且每天都更换。

屋子正中间有一束火焰，这束火焰从不熄灭，火焰背后是格瓦拉牺牲前战斗过的丛林模型。

从纪念馆整体设计，特别是这间特殊展室布局，游人足以感受到古巴政府对格瓦拉的极度尊敬和深深厚爱。

离开纪念馆，绕到塑像的前面，这是一片宽阔的广场，也叫革命广场。

广场南面，也就是纪念馆顶上，是树立着格瓦拉雕像的巨大平台。平台上，除了铜像及塔基，还有四方形的柱子，柱子四面都有浮雕，正中间是一块长方形的、两面都有浮雕的石碑，整个塑像、柱子、石碑及平台之大，材料之昂贵，让我惊叹不已。

从整个广场到纪念馆内外，感觉最明显的是肃穆、大气、精致。

此外，也许因为圣克拉拉是座古巴小城市，来此参观的游人并不

广场上的格瓦拉雕像

↓ 永远的格瓦拉

多，又或许今天是周日，当地人也不多，这更增添了纪念馆的庄严和宁静。

在这执勤很光荣

在短短的参观时间里，我感受到了这座城市和古巴政府，所能给予格瓦拉的极高待遇和荣誉；当然，格瓦拉为了古巴和拉美国家民族独立和解放，也确实付出了极大智慧、知识和力量，乃至宝贵的青春生命。

与其说格瓦拉是阿根廷人，不如说他是古巴人，他热爱古巴、热爱古巴人民，胜过爱他自己。也正因如此，当我向见过的古巴人，尤其是圣克拉拉人，询问对格瓦拉的印象时，大家都竖起大拇指，称赞他的为人和大公无私的品德。

其实，圣克拉拉没有什么值得外国游客观光的，除了来看格瓦拉的墓地纪念馆，亲身瞻仰这位伟大的共产主义者、民族独立斗士外，其他景点实属不多。从这个角度来说，格瓦拉依然在为古巴服务、贡献。

古巴人以他为荣，他也把自己的所有献给了古巴。

纪念广场大极了

格瓦拉牺牲多年后，遗体被运回到圣克拉拉，他曾经领导过多次重要战役的地方！

别了，切·格瓦拉！

再见了，圣克拉拉！

从纪念馆回去坐马的，
就像其他城市的摩的

告别古巴

2017年8月21日

从圣克拉拉回哈瓦那时，与两位意大利游客合租一辆出租车，每人平均花费25 CUC。

经过3个多小时行驶，我又回到了古巴之行的起点哈瓦那。

为了更好体验加勒比海风情，最后一晚，我选择的民宿紧靠马勒孔大道（滨海大道），紧邻皇家军事城堡。

重返哈瓦那，除了为搭乘飞机，还有就是弥补先前未有时间参观的地方。

何塞·马蒂是深受古巴人民爱戴的国父，在几乎所有古巴大小城市中心广场，必有马蒂广场以及马蒂雕像。对于这样一位受人爱戴的领袖，即使身为外国的游客，我也非常愿意了解他的事迹。

马蒂不仅是国父，他还是古巴伟大的思想家、优秀的诗人和民族英雄。15岁起，他就参加了反抗西班牙殖民统治的革命，42岁时牺

↖ 房东的母亲在欢迎我的到来　　↗ 马蒂故居旁，孩子们正在演出

← 现代艺术馆外面的艺术品可算聊胜于无了　　→ 现代艺术馆还是由铁将军把门

↙ 马勒孔大道边的艺术雕塑　　↘ 马勒孔大道成了孩子们的足球场

马蒂故居

牲在独立战争战场上。

虽然仅仅活了40年出头，但马蒂在古巴、拉美甚至世界文学史上的地位，都可圈可点。他的散文作品在古巴和拉美地区，流传甚广、脍炙人口。

也许是因为古巴的艺术气息给我留下了很好的印象，离开马蒂故居，我再次来到古巴现代艺术博物馆，希望自己能碰巧赶上开门时间。然而，西班牙语的误会加上撞大运的心理，依然被工作人员的一盆冷水浇来：博物馆周一闭馆，他们正在打扫卫生。

不知是古巴艺术家要弥补我的损失，奖励我对古巴艺术的虔诚，还是冥冥之中的天意安排，转过街角就是 Prado 大道，这是古巴艺术

↑ Prado 大道 ↗ 画家的作品

家的露天展览馆。

它长大约二三百米，宽约 20 来米，道路两旁是各种风格的艺术家画摊。这些作品很吸引人，风格也很前卫，看上去大多属于抽象派艺术，无论从色调还是人物造型，都相当大胆、另类，惹得游人驻足观看。

走着走着，我看见一位女画家的绘画颇有特点，于是便与之攀谈起来。

原来她是一名专业画家，按分类应该是版画，画纸是她亲手制作的，现场作品则是先制作成画板，然后印刷的。

这个大道一周有两三天是可以由艺术家摆摊画画的，周日下午一般为艺术家免费教授孩子学画时间。不过说实话，买画的人不多，大多数要么看看，要么问问，这也是世界通病。但无论如何，免费教孩子画画，也体现了古巴政府普及绘画知识，培养人民艺术修养的良苦用心。

哈瓦那其实真的不大，转了几天，几乎就走遍了主要街道，但依然还有一个去处是最值得参观的，那就是卡瓦尼亚圣卡洛斯要塞（Fortaleza de San Carlos de la Cabaña）建筑遗址。要塞看点是每晚 9 点钟的城门关闭仪式。

快到 9 点时，一对身着白色军服的士兵，边走边敲着小军鼓，他们来到炮台上，在进行一系列非常正式、严格的交换仪式后，由一位

卡瓦尼亚圣卡洛斯要塞城门

↑ 时空穿越 ↓ 城墙不高，但敌人是上不来的

士兵，用手中火把点燃他们围着的那门大炮。

黑暗中，耀眼的火光和震耳的炮声，让游客似乎回到18世纪的时光隧道，也使得市民对侵略者以及海盗保有警惕之心。有意思

的是，这个仪式已经持续了150年。

其实，此处要塞还是哈瓦那的城墙，占地非常大而长，不仅是阻挡英国士兵和海盗的“万里长城”，它还是军事城堡，里面有大量武器，设计雄伟精巧，城堡里还有一处可以储存雨水的水库，储存的雨水可以供城堡里的士兵用上一年。

然而更让我惊讶的是，就在城门即将关闭时，我偶然发现了一座格瓦拉纪念馆。即使是在古老城堡里，条件非常简陋，但就像圣克拉拉专门的格瓦拉纪念馆一样，其展品布局和整体设计非常讲究。

↑ 要塞被保护得很好
↗ 彰显军事威力
↘ 仪式感很足
↓ 珍贵的记忆

↑ 站在要塞上看对面市区

据介绍，之所以把格瓦拉纪念馆安放在此，是因为20世纪50年代末，格瓦拉率领部队首先攻克了圣克拉拉，之后又攻克哈瓦拉，随后把这座城堡作为司令部，在此指挥了许多次漂亮的战役。可见，不论古今中外，战略要地都是必争之处，这也是卡瓦尼圣卡洛斯要塞更富有神秘和旅游噱头的原因。

要塞之行也是我古巴之旅的告别行，明天我将离开哈瓦拉，结束我这次充满人文和自然探索的珍贵旅行。

回顾这些天的体验、观察和比较，古巴依然是神秘的：她热烈、大方、现代、奔放，同时她也落后、破旧、脏乱、无序，但她已然觉醒，跟上了时代步伐。

虽说，网络这个连接你我的工具，在古巴还不是那么普及或便捷，但它已经让古巴了解了世界，特别是一些社交软件，已经让古巴人接触了世人，结交了朋友，也让世人连上了古巴人；更何况来自世界各地的游客，蜂拥进入这个美丽独特岛国，不仅带来外汇、交流和合作，更是给古巴人带来了新思想、观念和思维方式。

开放搞活的民间浪潮，在推动着古巴政府进一步作为，但短时间内，要改变落后的国家经济和社会体制机制，是不现实的。

我祝愿这个曾经与我们是“同志加兄弟”的国家及人民，能够迅速发展起来，跟上时代的脉动！

如果只用一句话来形容的话，也许“一半是海水，一半是火焰”，最能代表我对古巴之行的印象！

↑ 刚放完炮的场景

下篇

彩虹国度

“开胃酒”

2018 年 8 月 10 日

计划南非行有一段时间了。

对我而言，南非并不是一个陌生的国度。我一直关注南非的环保事业，对南非国父曼德拉先生的传奇人生经历，也有着深厚的兴趣，再加上南非和中国同属金砖国家。特别是近年来，两国的经贸往来也日益频繁，彼此之间的交往也日益密切。

不过，真正临启程之日，我还是感到些许兴奋，甚至有点迫不及待了。

然而，正是应了那句老话，欲速则不达！

从北京首都机场开始，我的航班就不断被推延，最后是晚了 4 个小时才起飞（3 个小时坐在机舱里）。

尽管原定转机飞约翰内斯堡的航班，也晚点了 1 个多小时，但我乘坐的飞机抵达香港的时间，距离从香港飞往约翰内斯堡的航班起飞

雨中的维多利亚港倒是别有一番风景

的时间，只有 30 分钟。

无奈之下，我只能改签转天的相同航班了。

还好，港龙航空的班车，载上误机旅客后，很快到达了万豪酒店。处理完相关事宜，已经是凌晨 4 点了。

早饭后大约 11 点，我开始了计划之外的香港一日游。

今天的香港天气很糟，闷热，湿度几乎达到 80% 以上，这与我五年前来港时，形成极大的反差。

那次是春节，天气晴朗，节日气氛相当浓烈。但今日的香港风物人情，又会怎样？我又该去香港的什么地方看看呢？

当然，最能代表香港特色的地方，也许还是中环吧。于是我乘坐港铁来到香港的中心地带。

一路上，我对香港的街道商铺和居民表情做了一番观察，发现好像比五年前有不少变化，街道更加整洁，市民平静、从容、友好。

无疑，到香港不去半山，估计像是到了北京不去王府井一样，而到了半山不去孙中山纪念馆，更是“不到长城非好汉”。

孙中山是民国时期的国父，也是国共两党都拥护的政治领袖。世界各地有多处孙先生的活动遗址、纪念馆和博物馆等，但在香港，特

↑ 熟悉又新鲜的香港道路和双层巴士

↓ 半山涂鸦

孙中山塑像

别是在半山这样高密度和高商业性的地方，有这样的名人纪念场所，实属难得，那里也成了我必须前往的“打卡地”。

孙中山纪念馆位于半山，虽然今天还下大雨，但纪念馆里似乎游客不少。

从外面看，纪念馆楼体很大，共有四层，更难得的是，每层的展品都非常丰富多样，布展也很紧凑。有的照片是我从未见过的。不过遗憾的是，展馆里不让拍照，好在室内有几处是可以拍照的。比如三层的走廊外，有一处“道具”，很是吸引我的目光，这就是公共椅。

众所周知，孙中山最有名的倡议是“天下为公”。这四个字里包含公众和平衡两层意思。

由香港理工大学学生设计的公共椅，是一对背靠背的墨绿色椅子，当一个人坐上去时，肯定是不平衡的，需要另一人的配合。不管两人是生人还是朋友，两个人背对背，说明每人都有私人空间，但如果要和谐摇摆，需要两个人的共同使力或沟通，才能摆动均匀，快慢合适，这其实也是相互尊重的重要性。

公共椅示意，当天椅子不在馆内

从港大俯瞰

一把小小的摇椅，把孙中山先生的倡议，阐述得淋漓尽致，既形象又富有寓意，可谓独具匠心。

离开孙中山纪念馆，天空稍微放晴。

来到佐敦附近逛了逛，似乎我对琳琅满目的商品没有太大兴趣，于是，决定去看看附近的文化项目。

反正买了一日票，不如坐地铁到香港大学吧。

港大站很特别，这站似乎是专门给香港大学建设的。

走出电梯口，就是香港大学的建筑物了。当然，就像某些西方国家和地区的高校一样，香港大学的校园也是没有围墙的，且校园就建

香港理工大学的教室

在半山腰，这还真是与北京的高校截然不同！

此时已是傍晚，校园里人不多，大概是放假的原因，似乎参观的人要多于本校的学生。几个内地来的家长，带着孩子忙着拍照留念。

由于天色渐晚，在迅速观看了校园大致布局后，我决定干脆再坐三站地铁，去参观香港理工大学，不然也显得有些“厚此薄彼”。

来到香港理工大学时，天色完全黑下来了，不过香港理工大学的灯光很给力，到处灯火通明。

一进校门，还看见一场学生组织的演唱会刚刚开始，看着新颖的海报，还真想进去感受下大学生们的创造力。但转念想起，我还要赶

↑ 香港理工大学剧场

↓ 幽静的香港大学傍晚

飞机，于是也就作罢了。

我迅速上到山坡处的教学楼，在灯光下，粗粗游览了下香港理工大学的教学楼和教室，发现校园的演讲和其他学术活动还真不少，一种羡慕的心情油然而生，真想回到自己的青春岁月！

今天的一日游，于我而言，真是个意外的收获，不仅了解了香港的近况，也对两所著名大学，进行了蜻蜓点水般的观察和对比，也算是不错的体验，更是南非行的一个良好开端。

香港机场文化展

高耸的楼穿入云天

近在咫尺的野兽与星空

2018 年 8 月 12 日

终于，经过 13 个小时的长途飞行，我从香港抵达约翰内斯堡机场。

克鲁格国家公园的工作人员来机场接我们，之后汽车绕道到一家酒店门口，接上另外六位游客，小面包车就奔驰在了通往克鲁格的大道上。

接机的是一位瘦高的当地人，话语不多，但三言两语就把事情交代得一清二楚。

路上他从不与游客交谈，客人们相互聊了聊各自情况，大部分时

从约翰内斯堡到克鲁格公园，初见南非的现代化

彩虹国的概念从飞机落地的机场开始

间，我们都有点昏昏欲睡了。这也许是因为面包车非常密封，太阳辐射导致车内温度相当地高。再加上南非的道路非常平坦，向导驾车水平又高，5 个小时的车程，除了每两个小时休息一次外，大部分时间，大家都进入了梦乡……

抵达公园时，已是中午时分，简单收拾下，2:30，所有在营区的游人都来到一个公共帐篷里开会，并配有小食品和咖啡。

营地的负责人介绍了克鲁格概况，注意事项，以及今天下午出发时间等，3:00 整，我们每八个人一辆车，出发去往公园深处。

克鲁格国家公园位于南非德兰士瓦省东北部，与津巴布韦和莫桑比克接壤。公园长和宽各约 320 千米和 64 千米，占地约 2 万平方千米，面积大小相当于英国的威尔士，是南非境内 18 座国家公园里最大的。在动物保护、生态旅游和环保相关技术与研究方面，克鲁格都居世界先进水平。

我一向非常欣赏南非的环保事业取得的成就，早就想亲身领略克鲁格国家公园的风采。

中途司机休息，我们也领略南非的自然美

↖ 黑白线条分明的斑马　↗← 各种的鹿　→ 司机根据地上的脚印，就能判断动物的行迹　↙ 土狼　↘ 玩耍中的土狼

现在的季节恰是入园观赏的最佳时机，这更令我满怀期待。坐着向导兼司机的特制越野车，我们很快就离开了营地。

车开了大约半小时了，似乎还没有看见那些丰富多样的野生动物。不过，公园的生态环境倒是呈现出原始风貌。

我不知道1898年，当布尔共和国最后一任总督保尔·克鲁格创立克鲁格国家公园时，当时的生态环境如何？但我想，当下的自然生态，也许真的还是当年的模样，因为，公园里实在是太狂野了。

正在我遐想着当年克鲁格先生，为了阻止日趋严重的偷猎现象，而在萨贝尔（Sable）河沿岸的野生动物生存区域开展保护措施，以及保护区今昔之别时，车里一位眼力极好的先生大叫一声：

“Zebra（斑马）!”

此时，司机也迅速停下了车，让我们这些没见过“场面”的游客，好好过过眼瘾。大家的相机、手机也立刻摆开了架势，一通狂轰。不过，这些可爱的斑马宝贝，丝毫没有理会我们人类，又抑或它们正在享受着明星般的待遇，甚至可以炫耀一番呢！

有了这“第一次”的邂逅，接下来，没多久，我们就看到了克鲁格“五大”之一的大象。

大象在克鲁格里可是不得了的“人物”，它们不仅体型大，而且还很聪明，力气也堪比推土机。

为何这么说呢，因为这里的大象数量非常多，在克鲁格大约有1.8万头，而克鲁格里动物的总数大概为30多万只，哺乳类动物147种。

大象对水分的需求也比较大，如何在缺水的非洲干旱地区找水呢？

原来，它们是靠万能的鼻子，把树枝甚至树根弄断，吸吮里面的水分或地下水。因此公园里，到处都能看见东倒西歪的树木，有的甚至还很粗壮，而那些小动物们也经常会追随大象，跟着捡漏。

大象在公园里可是威风凛凛，也难怪，人家是五大之一嘛，这动物世界，其实又与人类社会有多大区别呢？

在接下来的几个小时里，我们还看见了许多体型稍小的动物，比如土狼（学名鬣狗）等。有意思的是，克鲁格里的土狼与我们想象或在影视作品里看见的，有着极大差异。

记得有部美国电影叫《沙漠迷童》，就是在南非拍摄的，可以说，除了那位八岁的男主外，另一个主角就是那只凶狠的土狼，它不仅紧紧跟踪男孩，还好几次差点咬死孩子。它那双发绿的眼睛，在夜晚里散发出可怕的威力。

而我在克鲁格里看见的土狼，不仅不那么凶恶，而且看上去还相当温顺，甚至有点慵懒。土狼母亲躺在地上，任凭它的宝贝玩耍，一派其乐融融的画风。

不知不觉中，太阳渐渐落山，我们也该回营地了。

回来路上，冷风飕飕，向导给我们递上了很厚的披风。尽管如此，还是感到冻人。回到营地时，估计温度只有七八度，不过，所有

日落西山

的游客都很兴奋，在葡萄酒的微醺下，沙漠或旷野经历变得温暖而“开化”了。

晚饭后，我们车里一位颇为博学的先生，带领我们来到空地。

大家仰头，看着天空里的星星，这一看真是吓了一大跳。

从来没见过的天文景象出现了：我们见识了只有在南半球才能看见的南十字星，还有两个非常非常明亮的冥王星和木星。最让我们惊讶的是，天空中出现了一大块星云，麻麻点点的星星群落，让我不知自己是身处天文台，还是银河系？

道过晚安，各自回到自己的帐篷，我的帐篷靠近营地铁丝网，看着浩繁的星空，望见远处的荒野，人世间的烦恼，统统抛到了大西洋、印度洋。

其实，我们身在都市的人们，缺的不是物质，而是这种与大自然亲密接触的机会和意愿！

晚上，我梦见，我看见了猎豹和狮子，甚至听见了野兽们的嘶吼和搏斗……

晚上营地里的火盆

营地里的价值“观”

2018年8月13日

5:30，天几乎还是黑的，营地游客就都陆续来到公共帐篷。

经过昨日半天的相处，车上的临时团队成员渐渐熟悉起来。大家边聊天，边简单吃块点心，再来上一杯南非的咖啡，算是把困意驱散，提起精气神，准备寻找动物们，尤其是传说中的“五大”。

出营地大门不久，车子来到了另一区域的道路上。

此时，天空有点粉红色，再过一会儿，像咸鸭蛋红心的半个太阳喷薄而出。

再一会儿，整个太阳跃上地平线，其节奏之快，是陆地和海上观日出所从未见过的。我一时不知用什么形容词来表达了，这里的初升太阳实在太特别、太耀眼。如果非要形容，可以说红得发白，像是刚从高炉里流出的钢水，既遥远梦幻，又纯洁透明。

早上好，非洲高原的克鲁格以及她的“儿女”们！

↑ 长颈鹿比我们游客起得更早

不知是大家已经互相熟悉，还是游客们动物知识大长，总之，今天的问题比昨天可就多了不知几倍。

有的问，这是什么鸟？那是什么羚羊？还有的问，怎么区分动物的性别？怎么判断动物大致年龄？这些动物体重多少？它们的“子女”谁来抚育……

对于这些问题，向导不仅能迅速回答，他的答案还往往超出了问题本身。我们没想到的问题，他也能主动说出来，一路上他几乎就没有停止介绍。

有时，他会突然把车往后倒，因为他发现了动物的脚印，又或者看见了某种动物，需要向大家讲解。

有时，我们的问题也会把他问住，这时，他往往会拿起车上的图谱，迅速翻到答案处，并念出该物种的名称，包括学名和昵称、习性，怎么分别雌雄等。

在我看来，他简直就是万事通、“问不倒”。

我不禁想拿他和他的中国同行，做一番比较。

我们常常会感受到，在国内的博物馆或景点，讲解员往往介绍得非常流利，形容词一套一套，时间或年代以及人名等记得非常清楚。但只要观众或游客多问一句话，常见的情形就是，要么他们不回答，要么就是直接说“不知道”，这大概就是敬业精神和职业素养的差异吧。

当然，这里也存在职业兴趣选择问题，我问我们组的向导，他为什么能如此博闻强记，恨不得地上全知，天上也知一半。他的回答其实非常简单，就是他喜欢这份工作。尽管他住在约堡城里，但

长颈鹿一般都是全家集体出动

◸ 土狼太懒了，还在睡　◸ 让我先过

他几乎很少回家，一个月里，差不多要待在园里三周左右。

然而，更让我惊讶的是，这些看上去像博物学家的向导，在我们就餐时，却都成了“Waiters”(服务生)。他们不仅要准备餐盘，还要把我们用过的盘子撤掉。虽然此时他们仍然穿着橄榄绿色的野外工服，但训练有素的动作（缓慢离开餐桌时右手放在后背），轻声询问客人是否可以拿走等，这些餐厅工作人员的礼仪，看上去是标准的动作和仪态。不知道的，还以为他们是专业侍应生。

如果此时，他们穿上燕尾服，戴上白手套，那就与五星大饭店的招待人员毫无差别。更何况他们每人都操着流利的英语，有的还会西班牙语和意大利语。

其实，整个营地的工作人员里，除了有专门的厨师外，其他的工作都是由这些带领我们出入丛林的勇士担当。这真比看到“五大”还要意外。

下午的野外观览，我们驱车前往其他未去过的区域。

向导又给我们讲了许多的故事和知识：例如，为何我们看到的

休息时拍个我们坐的巡视车　营地一角

有些草地是被烧过的，这是因为有时为了能增加土壤活力，而人为放火烧。但这样做的风险很大，有次就因为不慎，还引起了动物和人员伤亡。

此外，由于克鲁格与莫桑比克和津巴布韦共享边界，因此也会发生动物“走失”或“入境”以及非法盗猎等。

正说着，我们看见一群长颈鹿，向导介绍到，长颈鹿一家非常团结，它们总是一起行走，因此有了“行走的房子”的雅号。

因为它们个子都很高，即便是“Baby”，也都是随时跟着父母。而长颈鹿其实要给孩子喂食，也是不容易，它们的脖子往下低头时间太长，会非常难受。但尽管这样，长颈鹿家长还是非常尽职尽责，家庭氛围温馨。

回营地的路上，还看见了一个不大的湖。此时此刻，一幅动物大团结的画面进入了我们的眼帘。像是一个有着三代成员的大象家族，正在水里饮水和嬉戏，一群河马正在湖中泡澡，不远处，甚至还有鳄鱼安静地“躺”在水里，旁边还有几只鸟儿或禽类在玩耍。

几种动物同处一处，和谐共存，真是堪比动画片的效果。

回到营地，大家又一起共进晚餐，分享着今天的所见所闻，相互交换哪里能看见“五大”，其乐融融的画面，让我想起了那个湖中的和谐情境……

小鸟说：
“欢迎来我们家！”

约翰内斯堡城的现代化与克鲁格的食物链

2018年8月14日

今天就要离开克鲁格了，早晨的观赏，将是我们最后的“巡视”！

为了更好地拍摄动物，仔细观察公园环境，今天我坐在了前排。

关于座次的选择，还颇有一番民主和正义的“较量”。

我们同车从约翰内斯堡来的八人中，除了已经离园的两位，其他六位基本都是同一个车辆。

前两天，一对英国夫妇一直坐在前排。因此，昨天午饭时，另外一对澳大利亚的夫妇突然说道，应该轮到我和另一位同伴坐前面了。当时，我只是客气了一番，说没关系，但其实，作为一直倡导民主、公平的我，还是决定打破这个小“格局”。

因此早餐后，我稍微比平时提前了一些，“抢占”了第一排的位子，而那对英国夫妇，坐到了第二排，那对澳大利亚的夫妻主动坐到了后排。

对于我们这车人来说，两天的观览只看到了“五大”中的两种动物，河马和大象，还有狮子、猎豹和犀牛没有看过。

昨晚吃饭时，已经有人说，他们在昨天去的地区看见了猎豹。于是，好像整个营地的人都，盼望着也能有这样的好运，更何况，我们还是即将离开的游人。

我们的向导，几乎每遇到迎面来的其他向导或自驾的人必问：“你从哪里来，看到狮子或猎豹了吗？”

回答几乎都是一样的，“NO”。

不过虽然情形不容乐观，我们的向导和好几辆的车子，都朝着地形更陡峭、更遥远的地方开去。

真是功夫不负有心人，就在大家有点失望，几乎就要离开克鲁格的时

↑ 看见树上的猴子了吗？

↗ 不知名的小鸟

↘ 今天的长颈鹿更优雅

↓ 庞然大物更是不理会我们的铁骑了

刻，还是那位眼尖的澳大利亚丈夫忽然喊道：“快看，狮子！”

于是，众人的精神立刻高涨，眼睛齐刷刷地望向右手边遥远的地方。

根据那位先生描述，我们大致看到了那块石头和那棵树，但是，狮子的皮肤跟土壤一样，而且躲在石头和树丛后，我们还是无法满足愿望。

突然，我看见两只狮子都出现了，一眨眼的工夫，两个狮子还互相咬了起来。当然它们只是嬉闹，几秒钟后，忽然又都没了踪影。

没看见的游客，只能哀叹运气不佳，但大家依然没有想走的意思。我回头再看，一大群的观光车和自驾车，都聚集在了附近。

这时，我才注意到，我们正处于一座石桥上，桥下是一片干涸的河道，左右荒野的面积相当大，且没有看见其他任何动物，连只鸟都不见。

观赏了半天，大家还是依依不舍地离开了狮子的地盘。我不由得想到，看来狮子作为处在这个生态系统食物链顶端的动物，不愧是高级肉食动物，不仅所处生态环境好，而且它们的王国里，没有其他动物敢来涉足。狮子就像至高无上的国王，主宰着臣民的生杀大权，低端的动物和植物，就成了它们的物质基础，构成了金字塔的底部。

真是无独有偶，或无巧不成书，刚刚解决了“五大”中的第“三大”，很快我们就看见了第四大——犀牛。

在一片空旷的草地上，只见一群灰色的庞然大物正在觅食，边移动它们笨重的身体，边寻找鲜嫩的绿草。

非常有意思的是，犀牛的身上站了许多的小鸟，这其实也是一种动物的“共生”现象：小鸟们依靠犀牛身上的寄生虫为食，而犀牛也通过小鸟把自己不需要的“废物”清除干净。

看见远处的狮子了吗？

↑ 可爱的犀牛和美丽的小鸟

↓ 和平相处

大自然就是这么地有序和有趣，动物们或为朋友，或互为敌人。

吃饭的时候，小鸟也来凑热闹

“五大”中的“两大”，今天一上午就都解了馋，看来基本可以不带遗憾地离开克鲁格了，我们八人小组，也将各奔前程。

那对澳大利亚夫妇还要再去津巴布韦，参加另外的动物观赏活动。看来澳大利亚人对大自然有着天然而深厚的情感，但不知那对英国夫妇将去哪里，似乎我们之间都没有谈起过。

其实，旅行也是一种交友的渠道，一种了解世界文化、体验奇特人生、丰富生命厚度和透明度的极好体会！

告别临时队友和向导，我们踏上了来时路，回到约翰内斯堡。

5 个小时的路程，很快就在书本和昏睡中度过，进到约堡城中，我开始仔细观看城市容貌，以及市民的精神状态。

约堡城很现代，并且很“复杂”，大家行色匆匆，看上去城中黑人多于白人。但由于约堡或南非殖民历史，我既看到了繁华和高档区域，也看见了一些不太干净的街道和行人。据说，向导们都是让客人尽早出发，一定在下午 6 点前，将所有客人送到饭店或住地，以保证客人安全。

↑ 曼德拉雕塑 ↗ 夜色下的约翰内斯堡

我是最后下车的，好在我所住的桑顿区比较安全，也许正是这个原因，我才成为了最后一个。

约翰内斯堡到底会是怎样呢？

我期待明天的多角度观察！

↑ 换一条路，角度不同了，
朝霞也完全不同

魔鬼之城还是天使之城?

2018年8月15日

“黄金之城” 约翰内斯堡（简称“约堡”）于1886年建成。

本来只是一个探矿站，但由于人们意外发现了黄金，让这个本来都有点不景气的城市，一跃成为南非最大城市，也是南非重要的政治、经济和文化中心。

来约堡前，听朋友说起约堡比较繁华，却有点危险。于是如何在约堡出行，采用什么交通工具，真成了值得考虑的问题。

此外，约堡是个非常现代的城市，市区内几乎没有什么公交车，大多数家庭都是以车代步，因此，这里的公交系统非常不发达。但约堡为来此旅游或观光的客人，准备了一种叫作“Hop On -Hop Off”的双层大巴。这种观光路线在城里主要饭店和商贸中心都设有站点。更为人性化的是，公司还派接驳车，到客人下榻的酒店，将客人送到最近的大巴车站。

↑ 街边植物花卉甚是让人欢喜

↓ 我最喜欢的植物鹤望兰

↑ 约翰内斯堡是地道的现代化大城市
↓ 观光大巴漂亮而实用

观光车设计得很漂亮，座位边上还有耳机，游客可以边看风景、边听语音讲解。让我没有想到的是，介绍语言有 15 种，来自世界各地的人们，总能找到适合自己的语言，让整个行程充满熟悉的“味道”。

大巴途经的大部分地方，景色让人心旷神怡。毫无疑问，约堡看上去是现代的，如果仅从街道或市容看，它基本就像是英国城市的风格，有一种现代与复古合二为一的气质。虽然有些城市设施略显陈旧，但城市基本布局相当合理，尤其是道路质量很不错。

也许各位会问，约堡大概多大？

哈哈，这个问题还真不容易回答。据车里的播音员介绍，约堡的面积“不好说”，这要看如何定义边界，如果只是原来的约堡，它的面积只有 270 平方千米左右，人口有 380 多万。

但如今的约堡，是把附近的 5 个都市聚合起来，这样来说，约堡人口就骤增到 1000 多万。

约堡目前所面临的最大问题就是用水。

其实，在南非，用水对于很多城市来说，都是一个棘手的问题。

↑ 去索韦托路上看见由电厂改建的蹦极的地方，有意思的是，塔的外立面经常更换图案
↗ 索韦托黑人居民区

比如约翰内斯堡，城市用水要从360多千米外的地区输送到此。因而，节约用水在约堡是一项很重要的战略。但好在约堡海拔1700多米，气候比较温和，降水比较频繁，降水量也比较大。这里冬天不是太冷，夏天也不是很热，非常宜居。

言归正传，今天的路线主要以索韦托、种族隔离博物馆和宪法山为主。

观光车到了Rosebank站点后，一个接驳车将把我们几个游人送往目的地。

车子是个中巴，大家都坐好后，上来一个向导。小伙子先自我介绍，然后询问大家的姓名，也许是为了拉近与游客的距离，又或者是为了活跃气氛，他给每个客人起了个南非语名字。

一路上，他向大家介绍路过的景点和建筑物的大致情况，比如2010年世界杯足球赛场馆，南非一些艺术建筑物等。

刚进黑人居民区街口，一眼看见这位“黑珍珠”

索韦托惨案纪念碑

抵达索韦托后，他对这里的历史背景做了详细介绍。他不仅知识丰富，还幽默诙谐，从他身上，我看到了南非旅游业的兴旺，以及从业人员良好的素质。

今天第一站是索韦托，这是个非常有名的地区，在这里曾经发生过震惊世界的惨案。

索韦托是约堡市郊20多千米处的黑人区，过去是种族隔离最严重，也是最拥挤的人口聚集区。

20世纪70年代，这里大约容纳了几十万人口，但目前人口达到了罕见的400多万。

1976年6月16日，索韦托数千名黑人中学生，抗议当局强行规定在黑人学校只能使用南非荷兰语。学生们举行了大规模示威游行，但政府竟然出动上千名军警镇压，造成170多人死亡，1000多人受伤，许多人被捕。

这就是著名的“索韦托惨案”。

游行的人，特别是罹难者，得到了世界各国政府和民众的同情和支持。非统组织宣布，6 月 16 日为“南非黑人烈士纪念日”。

不过今天的索韦托地区，一些居民的情况有了相当大的变化，有些居民居住的房屋，已经从“铁皮盒子”变成了别墅式的房子。在这片地区，还建有学校和医院。虽然，大部分的房屋还像是过去的“火柴盒”一样，但是卫生条件，已经有了较大改善。

车子路过时，我不自觉地把它与好莱坞电影《第九区》做了对比，那部影片中，说的就是外星人在约堡隔离区贫民窟的故事。

事实上，影片的构思就是源自导演年幼时，在南非的特殊经历。据说，影片中外星人迁居之事，也影射了约堡一座贫民窟被拆除，居住者将会被移往政府建造的聚居区。

更有意思的是，《第九区》的导演也是《魔戒三部曲》的导演，而《魔戒三部曲》的作者托尔金，就出生于南非奥兰治自由邦的省府

种族隔离博物馆进门处　隔离博物馆里的纪念碑

布隆方丹。

我的第二站是种族隔离博物馆。

博物馆从外表看十分特别，房子不大，但设计巧妙而大方。里面展品非常丰富，布局十分紧凑和富有创意。

事实上，南非是人类历史的摇篮，南非人从100多万年起就“诞生”于此。而1498年，达伽马偶然发现了这片土地。1652年，荷兰人入侵南非。此后，其他西方国家，特别是英国人的殖民，造成了无数人间悲剧，也使得南非成了种族歧视的反面典型。

博物馆里还可见到不少华人在南非生活的痕迹。

1904年到1906年，南非通过清政府，从中国引进了7万劳工到矿山采矿，他们当中许多人，连约堡城都没有看过，就被遣送回国，有的被捕入狱，有成千的人，丧命于矿井或被折磨致死。遗憾的是，这段历史却鲜为人知。

博物馆给我印象最深的，还是它的门票。

游客买票时，工作人员会尽量让大家拿到白人和非白人两种门票，两种门票的持有者，分别从不同的通道进入，由此象征性地表示种族隔离的悲剧效果。因为持这两种票的人，要走过一段路程后，在里面的某处才能相见。这种形象化的理念，着实让参观者感受到了展览的目的所在。

最后一站是宪法山，这也是一处让人深思，并颇受启发的历史遗址。

宪法山是一座新建的、传播人权思想的园区。里面包含了原有的三所监狱，其中一所是基地中原来的女子监狱。这些旧建筑以及一幢

宪法签字纪念地

这座小楼里是永不熄灭的民主之焰

新建的宪法法庭，仅从外表上，就给人以沉重的警示教育。宪法法庭外的雕塑，法庭本身的实物装置，法庭内的一些展品，更让人不禁肃然起敬。

令人有点意外的是，法庭现在依然是办公场所，许多司法人员仍然工作在两层建筑的法庭里，维护着法律的庄严和公民的权利。

在我们下车的地方，正好有一幢旧的建筑物，里面不断播放着曼德拉的演讲。建筑的正对面，一盏被称为“民主之焰”的长明灯熠熠生辉。

↑ 宪法法庭

↓ 曼德拉故居

故居前的表演者

回酒店的车里，我脑海里不断闪烁着那些隔离区居民的表情、路上看见的艺术绘画、高耸入云的现代建筑，以及白人与黑人的面庞……

约堡，会不会再现像曹桂林笔下的《北京人在纽约》那样的场景呢？

宪法签字纪念地的屋顶

布隆方丹——小城厚史

2018 年 8 月 16 日

作为南非三个首都之一的布隆方丹（以下简称方丹），颇有几分神秘感。

我除了了解到它的司法首都地位、人口大约 50 万，有几所不错的大学以外，其余一概不知。因此在来时的飞机上，我又看了看书，并对方丹做了点猜想。

坐在我身边的乘客，是当地一位从事贸易工作的先生，他对我的首次访问南非很是惊讶，也介绍了点方丹的大致情况，并主动提出开车回家时，捎我去酒店。

刚出机场大门，就听一个白皮肤的孩子和一个黑人孩子，用很标准的中文与我打招呼，原来这是他的儿子，再走几步到车旁时，他的妻子也与我寒暄，手里还抱着个婴儿。

落座后，只见那两个八九岁的男孩，呲溜爬进后备厢里，似乎后

↖ 喜欢布隆方丹是从机场就开始的　↑ 我住的小酒店

备厢是专门为他们设计的临时小屋。我非常不好意思地说，这太不合适了。但父亲和孩子们似乎都没当一回事。其实，车里后排座位是可以挤挤坐下的。我对这家人，立刻有了十分特殊的好感。

与商人的妻子聊了聊，她对我第一次来南非旅行也表示十分惊讶，分手时，还主动把她认识的乌布车司机电话留给我，说对方人可靠，报价经济实惠。我从这个细节能感觉到当下南非的经济萧条，社会治安有些许小问题。不过，路上半个来小时的接触和温馨谈话，早已把方丹的寒冷驱散开来。当商人把我的行李送到酒店，互相道过晚安后，我的方丹之行开始了。

尽管方丹是首都，但它同时也是自由邦省的首府。

自由邦省在南非殖民历史上有着特殊地位，方舟与荷兰和英国有着解不开的渊源。

英布战争博物馆的纪念碑

翌日一早，我就迫不及待地开始了探索之旅，首站直奔英布战争博物馆。

英布战争简单说，就是英国人同荷兰移民的后裔布尔人，关于领土争夺的一场战争，它也是帝国主义时代来临的一个重要标志。

这场战争最根本的导火索，还是双方对利益的争抢。毫无疑问，除了荷兰人意外发现“好望角”外，后来的殖民国家，无一不贪恋南非的金刚石（钻石）和黄金。

当 1867 年，奥兰治河畔一个白人儿童偶然捡到的“石子”（第一颗金刚石），1884 年，德兰士瓦境内发现了蕴藏量很高的金矿，这些都极大地吸引了西方国家对财富的追逐。

短短几年里，英国人是南非淘金潮中，人数最多的

↑ 博物馆里的实物 ↓ 纪念碑雕塑的表情就说明了那场战争给百姓带来的苦难

群体，人数甚至超过了当地的布尔人。

英国人掌握了大部分采矿权，并组织数个大公司，涉足采矿业。到了 1899 年秋，英国开始在布尔人共和国边境附近集结军队，布尔人于 1899 年 10 月 11 日对英宣战。耗时 3 年的战争，英国先后动员了 44 万军队，布尔人有 8.8 万人参战，战争十分惨烈。

最终，布尔人同英国妥协，为了保留荷兰语言和生活传统，布尔人俯首称臣。原来由布尔人管辖的德兰士瓦和奥兰治两个共和国，并入英国。1910 年，德兰士瓦、奥兰治、开普、纳塔尔合并为南非联邦，成为不列颠的自治领地。

不过，在首都的确立上，南非各大区域互不相让，这也导致了后来南非设有三个首都的折中方案。而德班（纳塔尔首府）作为港口贸易重镇，其重要性不比首都的含金量低。因此，原来四个共和国的首都或省府就各有所得，这也许是西方人的契约精神和谈判技巧的完美

哪里有压迫，哪里就有反抗

体现。

↑ 博物馆里的照片

不过，虽说这场战争是两群白种人，在南非土地上逐鹿。但事实上，战争给南非的原住民，带来了极大的痛苦和灾难，战争的后患到了更晚些时候，才能显现。

这场战争给英国这个所谓的“日不落帝国”带来的创伤和反思，也是划时代的。这以后，英国便开始了全球范围内的战略收缩，部分海外势力范围，也转托给如加拿大、澳大利亚、新西兰等白人自治。

经过这次战争，布尔人之间的民族凝聚力，倒是得到加强，促进了民族认同，形成阿非利卡民族。

↓ 罹难者名字纪念碑

但战争对布尔人来说是致命的，特别是大多数中下阶层南非荷兰人。例如，不少人的亲属死在了集中营里，集中营里还关押了大量的妇女和儿童。战争后，布尔人甚至是荷兰本土人，都对英国人始终怀有深刻的敌意。

“一战”爆发后，部分布尔人发动了亲德暴动，“二战”期间，他们还组成了一个极端仇英的政治组织，反对南非同英国结盟。“二战”结束后，南非和英国关系愈发冷淡。1961 年 5 月 31 日，南非联邦政府退出英联邦，建立现在的南非共和国。

对西方战争史而言，这场战争本身，也具有一些阶段性的积极意义。例如，军乐队得到大量使用，这场战争还催生出了迷彩服的发明

俯瞰城区

和普及，无烟火药、新式武器也得到实战应用。

英布战争还有一个标志性的改变，就是战争伦理的提出，可以说是将绅士风度扩展到了烽火连天的焦土之上。作战双方，既可以你死我活地搏杀，也可以心平气和地侃侃而谈。这些变化，在博物馆的展品中，都得以充分呈现。

↑ Naval 山顶上的曼德拉

但无论如何，英布战争对双方而言，都是极其残酷的，双方都雇用了很多南非黑人和有色人等。正因如此，南非政府才建设了这个规模不小，且十分肃穆庄重的博物馆。就像美国阵亡将士纪念碑一样，这个博物馆前，也伫立了一大片刻有名字的纪念碑。尤其表达了对妇女和儿童的悼念。

从博物馆出来，我决定先去市内一座山顶，纵览方丹全貌，特别是去瞻仰一下曼德拉的塑像，以舒缓刚才对战争的恐怖感受。

路上正好与司机攀谈了一会儿。

这是位 60 多岁的妇女，开了 14 年出租车，她的祖辈来自德国，她本人出生于方丹，但似乎没有上过什么学，好像也没有伴侣。她在郊区租了个房子，很少出国，对我能来南非旅行表示了极大羡慕。

她童年时期就经历过南非的战争，并在纳米比亚躲避了十几年的战火。从她个人经历中，也能看出，作为一般平民，战争对于他们，只有无尽的痛苦和磨难。

正说着，车子已经到了山顶，我站在山顶上，看着城市的全景，脑海中不禁对南非的历史，做了一番大致的梳理，感慨万千。

仰望曼德拉雕像，我回想他的回忆录和传记作品，不由感叹他为之奋斗的事业的重要，更有感于和平、和解和相互尊重的重要性。

如果不是曼德拉在监狱里，对白人的观察与理解，对这个国家的反思，对民族大义的创造性解读，也许今天的南非，还充斥着种族冲突，弥漫着暴力的阴影。

当然，南非的现状，也越来越受到世界的关注。关于这个话题，我们将在下面的文章中继续讨论。

南非人爱护动物从车牌可见

“如果有天堂，天堂应该是开普敦的样子”

2018年8月17日

如果按照时间顺序，开普敦这个城市的闻名度，远早于它所在的国家南非。它的名字比南非更响亮、更成熟，它经历的故事，也更加精彩。

在飞往开普敦的航班上，我开始想象着17世纪–19世纪的开普敦。

那时，西方商人、探险家和西方传教士等，鱼贯抵达开普敦。他们有的是为了淘金，有人把开普敦作为通向东南亚、印度甚至中国的桥梁，也有人是为了传颂上帝的福音。

不过对于我来说，开普敦就是科学探险和地理发现的标志，也是历史上风云际会的大熔炉。

今天是开普敦之行的首日。一早，我就搭乘公交，去桌山附近的好望堡。

↑ 好望堡大门口的狮子，后面就是著名的桌山

↓ 好望堡内的转角处

好望堡位于市中心阅兵广场的西南角，它是荷兰东印度公司于1666年到1679年间建成的，是南非最古老的殖民建筑。建成之时，堡内有教堂、面包店、居住区、商店和监狱等公共设施。

好望堡建筑风格独特，墙壁全部呈黄色，据说黄色可以减少热效应和强光照。

现在的城堡是从原址搬迁来的，里面有军事博物馆、兵团仪式殿堂等，这里还是原荷兰东印度公司总督的官邸。虽然贵为官邸，但入口处很小，门口两边墙上的狮子据说更有特色，它们是按照亚洲风格设计的，原来的狮子已经毁掉了，现在的是仿制品。

不过，毕竟是城堡重地，四周城墙和护城河规模不小，相比东方的设计，好望堡的护城河和围墙，颇有特色。有趣的是，城头一根杆子上，始终站立着一个鸭子“卫兵”，从我进入城堡到出来，甚至几

市政厅

DOWLEY STREET
RUTGER STREET
RUTGER STREET
VAN DE LEUR ST
PONTAC STREET
DE VILLIERS ST
CHAPEL STREET
RUSSELL STREET

第六区博物馆内

天后从德班回来路过此地时，它依然在值班，真是一位忠诚的卫士！

从广场往北走，路过很多典型的欧式商铺和办公建筑，让人感觉像是走在欧洲小镇上，很有历史感，但同时也充满现代气息。

开普敦高低起伏的地势，更为这座城市增添了一份不俗的魅力。

随着我不断按下快门，前面就到了第六街区博物馆。

↑ 忠诚的卫士
↓ 被驱逐前人们的生活

这个博物馆相对来说很袖珍，与国内那些气派十足的展馆相比，它的外观甚至显得有点“寒酸”。不过进得门来，我被里面的陈设震撼了。

博物馆于1994年年底对公众开放，展示的是种族隔离政策以及对普通居民生活影响的历史，展品都是以个人生动故事为主线，讲述他们被驱逐的经历。

第六区是1867年开普敦的市政街区名称，当时居住的主要是被释放的奴隶、商人、艺术家、工人和移民，这里是一个生气勃勃、团结友爱的社区。但随着隔离政策的实施，1966年，第六区只允许白人居住。到了1982年，社区居民的正常生活被彻底打破，6万多非白人居民被赶到了郊区，他们的房子也被推土机夷为平地。

博物馆里有非常多的真实人物照片，以及他们用过的日常生活物品。事实上，第六区博物馆还是一个独立的公益组织，博物馆欢迎大家成为公益组织的会员、在线捐赠或在博物馆里买一个纸质的牌子，并将其悬挂于博物馆里。

带着一些对种族隔离历史的回顾，以及在南非结束种族隔离政策中关键历史人物，如曼德拉、图图、博塔和德克勒克等人的敬重，我坐车前往桌山游览区，去一睹它的雄姿，探寻它的风采。

开普敦的交通很不错，换了两次车，桌山近在眼前。

看着前面的排队长龙，我决定从网上购票，网上购票既便捷，还优惠，关键是网购者不用排长队。

此时，我发现一个很有趣的现象：为数不多的网购门票游人里，中国人占绝对多数。这与来南非的国内游客凤毛麟角的情形，形成了极大反差。这说明，中国当下网络不仅覆盖面广，设施完善，而且

云层里藏着桌山，开普敦的天气绝对属于孩子脸

南非的物种太丰富了，这种植物叫垂枝红千层

勇攀桌山

消费者已经很熟悉网络了。从这点来看，中国确实要比其他许多国家先进。

好了，从山脚坐缆车，大概 5 分钟就到达山顶。

缆车很大，差不多一次能容纳三四十人，缆车的底盘是可以旋转的，这样游人可以全方位观览桌山，中心圈里的人可以不动，这大概也是民主公平的一种体现吧；而且有点令我吃惊的是，这个缆车在 1929 年就启用了。

到了山顶，气温一下掉了 10 摄氏度，山下大概是 15 摄氏度，山顶上则只有 5 摄氏度。

站在山顶，真是一览众山小。但大西洋不知为何，波涛汹涌，桌山的岩石不断被海水拍打着，泛起层层白色浪花，使我眼中有了蓝白相间的美丽画面。

其实，桌山除了大家熟知的桌子山形，且令人感到大自然的鬼斧神工外，以我个人之见，山顶的生态系统，更让人惊讶和感慨。

山顶植被不仅十分茂密，且种类繁多，据说有约 1470 种。几乎所有植物都是我未曾见过的，甚至完全不知属于什么大类，尽管因为所学专业，我对植物的大类区分略知一二，但桌山上的植物对我而言是全新的。

更有意思的是，不知是否因为当天下过雨，山顶上还有一些小溪流和水洼地。

最让游人惊叹的要数山顶动物了，各种鸟类和爬行类动物数不胜数。有的动物根本不怕人，它们大摇大摆、逍遥自在，要么飞行，要么啄食，要么睡觉。

在一处景点，不知哪位游客的饮料杯子倒了，一种叫岩兔的小东西，竟慢慢地享受着这种美味饮料，甚至还叫来了同伴一起分享。

哈哈，这里很有一派田园景象，甚至还有点科幻片的感觉啊！

在山顶逗留了一个多小时，怀着依依不舍的心情，我迅速坐缆车下来。如果不是时间有限，真希望可以步行下山，那就可以看到更多的新奇动植物了。

从桌山鸟瞰

南非的乌鸦蛮漂亮，“我不恐高”　很像我们常见的小白兔吧？

桌山上的南非国花帝王花　火炬花，也叫红火棒或火把莲

旅行就是这么让人既心情愉悦，又意犹未尽！

开普敦可看景点非常多，我下山后，来到荷兰东印度公司的花园。

1602 年成立的荷兰东印度公司，纯属商业性企业，不受政府的管控，而是由私人股东操控。但他们也不是一般商人，而是以贵族寡头居多，公司资金十分充足，超过了英国东印度公司的 10 倍。

荷兰的商人财富与国家权力的结合，使得荷兰东印度公司成为 17 世纪欧洲最大的海外垄断贸易公司，甚至控制了马六甲海峡，贸易业务扩大到了中国、日本等东亚国家。

美景总在险峰处

↑ 东印度公司花园，后面白色建筑为现代艺术博物馆

↓ 现代艺术博物馆里的现代作品，材料都是废弃鼠标和键盘、电线等

1652年4月7日，司令官范·里贝克率领的荷兰东印度公司的三艘帆船，在好望角登陆，同年，荷兰的补给站建立，从而开始了荷兰在南非的殖民历史。

↑ 花园里的动物太幸福了

↓ 引吭高歌

到达荷兰东印度公司花园时，花园的巨大面积和内部陈设，让人叹为观止，花园今天依然能保持如此原生态，着实令人折服。

我一进公园，眼球即刻被各类水禽动物吸引，相机也像是被粘住了一样。那些叫不上名的鸟、鸭子、松鼠等，让我挪不动步；还有那些新奇花草树木，更是让我连连称奇。

参观完位于花园里的国家现代艺术博物馆，我赶往不远处的坎普斯（Camps）海湾。

此时已是黄昏了，但是海边的景色依然壮观，甚至比白天更具艺术感染力。

我跳下公交车，一路快跑至沙滩。不夸张地说，这是我见过的最美海滩了！

沙子是像水泥一样的偏灰色，像面粉一样的细腻。那些巨大的海浪，不时发出拍打岩石的轰鸣声，那种嘶吼的声音足以与克鲁格的狮子媲美。

↑ 美不胜收的海滩

↑ wanterfront 落日

↖ 这可是冬天，我还穿着羽绒服，当地人也是 ↑ 这哪是沙子，简直就是面粉

即便海浪很大，水温冰凉，还是能看见个别南非人，在海边嬉戏奔跑，勇敢的年轻人还在水中的礁石上摆各种姿势，留影纪念。

此时，我脑海里出现了许多关于南非的电影画面，其中，最能代表海滩的，大概就是《黑蝶漫舞》的外景地了……

太阳快下山了，尽管我以为，这里就是开普敦的天堂美景了，但我还想去前面的克利夫顿（Cliffton），去观日落，在那儿结束我一天的观光和体验。

有日落就有日出，期待明天的行程带给我更多的惊喜！

↑ 一天结束了

地球尽头有多远

2018 年 8 月 18 日

开普敦是南非九个省中西开普省的省会，它是南非第二大城市，也是南非的立法首都。

开普敦不仅市区环境优美，周边及西开普省的整体自然环境，也得天独厚。

西开普省位于非洲大陆西南端，西面和南面分别被大西洋和印度洋环绕，中部有开普山脉，向西南延伸为开普半岛．西部、南部和东南部像是狭长的带子，但多为平原。西开普省面积 13 万平方千米，占南非国土面积的十分之一左右。

为了更多领略南非的独特地形，到非洲大陆的最顶端探险，与南非特有的小企鹅、海豹等亲密接触，抵达开普敦的第二日，我包了一辆私家车，从开普敦市区出发，向赤道以南，非洲大陆的最尖端挺进。

↖ 11 千米长的海边道路，骑行人很多也很勇敢　↑ 路边守株待兔等工作

刚上到坎普斯海湾，就看到成群结队的自行车爱好者，他们穿戴职业，精神抖擞地飞驰在道路旁边。我顺便问了下司机兼导游，怎么会有这么多的骑行爱好者，骑行在这么窄的道路上，安全吗？

司机回答说，南非人对骑行有着天然爱好，大概是临海居住的人大多经济条件好，而且南非海岸线非常长，有近 3000 千米，很多人喜欢沿着岸边骑行。

另一个重要的原因，估计是近期会有两项赛事在开普敦举行，一个是南非山地车马拉松大赛（Cape Epic），它是一项考验耐力的比赛，比赛道路起伏不平，非常具有挑战性，吸引了来自世界各地的职业车手及顶尖业余车手参赛。另一个叫双洋大赛（Two Oceans），大概是因为开普敦半岛被大西洋和太平洋夹击吧，故而得名。

但我想，南非优质的空气质量，无疑也是人们热衷这项运动的重要理由。

没走多远，看见有几个黑人坐在马路边，司机主动向我介绍，这是想找工作的人的临时集散地，当地有人需要劳动力时，都会来此处。他顺便说了下，当前南非经济非常不景气，很多人失去了工作，尤其是文化水平不高的人，失业风险更高。

我顺便问了下他们的平均收入，回答是一般人月收入只有4000兰特左右（约合2000元人民币）。但南非法律规定，每天最低收入标准为170兰特，根据这几天我在南非感受到的当地物价水平，这样的收入，也许维持生活还是有一定困难的。

说话间，我们来到了豪特（Hout）湾，游人们到此一般都要坐船去杜克岛观看海豹。

2000年以前的新石器时代末期，这里就有人住在港湾上的石洞里，他们大概是豪特湾最早的渔夫。

豪特湾是荷兰第一位移民领袖扬帆瑞·比克到此后起的名，荷兰文的意思是“小森林湾”。

杜克岛上有将近一万只海豹，且大多是公的，但杜克岛不是理想的繁殖地，因为岛上岩石尖锐，小海豹容易受伤或死亡。每年1月到3月，是海豹的脱皮期，这个时候，岛上会挤满了海豹，海豹们都不

豪特湾

↑ 上船去杜克岛

↓ 可爱的海豹们

↑ 鸵鸟农场　↗ 并肩站立

愿意在脱皮期下水吃东西。

不过遗憾的是，游人只能比较远距离地观察海豹，随船绕了一小圈，大家只好与海豹告别了。

离开海豹，下一个景点就是著名的查普曼峰路。

这段路是由荷兰早期的一位著名人士私人修建的，没有动用政府的钱，但由于道路修建在坚硬的花岗岩峭壁上，工程建设十分艰难。

我们一路都能看见道路的上面就是岩石，车子似乎都是穿石而过，道路曲曲弯弯的如蛇行一般。这也着实考验驾驶员技术。

由于这段道路海景优美，它成为世界上非常有名的景观车道，宝马和宾利车都在此拍过广告。

离开美丽的海边公路，车子加速行驶在开往南非最顶端的路上。

半路，我们顺便在一处私人的鸵鸟农场停留片刻。这个农场不大，但景色宜人，背靠树木葱绿的山峦，加之密如地毯般的草地，使得体形硕大的鸵鸟倒成了点缀。

由于鸵鸟相当凶猛，且具有攻击性，农场主把它们都关在了栅栏里，但还是有个别勇敢的游客用食物逗弄它们，但是显然游人很是心虚，手还没接触到鸵鸟，就赶紧收回。

鸵鸟体型很大，高度几乎与人相等，喙部坚硬而锋利，像一把剑或匕首，实在大意不得。

哈哈，相比动物，人类还是很渺小的！

离开农场，就是好望角自然保护区的领地了。

交了 174 兰特门票钱，我们就进入了保护区开阔的草地。

据介绍，好望角自然保护区建于 1939 年，这是一个极珍贵的绿色宝库，拥有全世界最古老、属于原生态的灌木层，以及未受人类干扰的原始植物群。

1836 年 6 月，达尔文还专程来此，考察植物资源及物种进化。

除了植物，保护区的动物也很多，特别是小型动物如蜥蜴、蛇等爬行动物以及昆虫等，偶尔也会有大型动物如斑马和羚羊等。

↓ 好望角的美景

虽然，保护区的动植物珍贵且稀有，但好望角的风暴，也许更为世人知晓。

好望角地处来自印度洋的温暖洋流和来自南极洲水域寒冷洋流的汇合处，强劲的西风急流掀起的惊涛骇浪，常年不断。因为多暴风雨，海浪汹涌，故好望角最初被称为“风暴角”。据说，这里还常常有“杀人浪”的出现，这无疑为好望角增添了很多神秘色彩。

站在这个世界地理的独特现场，看到两个大洋的汇合和罕见的汹涌波涛，我不自觉地想起了奥地利著名传记作家斯蒂芬·茨威格，还有他那本著名的畅销书《人类群星闪耀时》。

这本书的第一篇文章就是关于大洋的，题目叫“不朽的逃亡者”，说的就是太平洋首次被正式发现的故事。

故事既充满了冒险曲折，也充斥着血腥暴力，但它更是人类地理大发现的一次生动传奇的经历。

主人公巴尔博亚，从一名军中混混、一名亡命徒和反叛者，最后

浪花翻滚　从好望角看大西洋深蓝色的海水

↖ 好望角 ↑ 好望角坐标

成为居功至伟的西班牙总督，皇家的功臣，依靠的就是发现了，或者说是第一个看见了太平洋。他带领的一群人，就是从大西洋，穿过巴拿马海峡，抵达了此前无人知晓的太平洋，当地人叫南海。并在几十人的见证下，由官方文书写下了文件保存。

到底是大盗、奇人，也是强人，为了要独自一人率先看见太平洋，巴尔博亚不惜屠杀了不少的同伴。在他看见了太平洋后，才让剩下的67位士兵一起攀登到山顶。这一天，就是1513年9月25日，“人类知道了地球上当时还不为人知的最后一片海洋”。

这几十位地球上最幸运的人，他们将身体泡入太平洋，他们嬉戏、打闹，好不快活。巴尔博亚甚至喊出了：“卡斯蒂利亚、莱昂、亚拉冈至高无上的君主裴迪南和胡安娜万岁！为了卡斯蒂利亚王室的利益，我以他们的名义，真正地、实实在在地、永远占领所有这些海洋、陆地、海岸港口和岛屿……”

文书安德烈斯把这一占领过程记录在案，他的结束语里甚至还有这样的字眼儿“……这26人和文书安德烈斯·德·巴尔德拉瓦诺是第一批把脚伸进南海的基督教徒，大家都用手试一试海水，用嘴唇舔一舔海水，看它是否像另一个大洋一样是咸的……”

不过，上帝看来对人都是公平的，获得了无限荣誉和极大权力的巴尔博亚，最后还是遇到了他的劲敌，且是皇家的安排。巴尔博亚不仅没能征服黄金国秘鲁，自己的脑袋也被刽子手砍落，还让几个最忠实的伙伴，随他一起见上帝去了……

车子在 Cape Point 停下来了，这里也被称为“南非大陆好望角最西南点”。需要说明一下，好望角常被误认为是非洲大陆最南端，其实不然。

距离此处东南偏东方向约 150 千米、与佛尔斯（False）湾相望的厄加勒斯角，才是真的非洲大陆最南端。不过，估计一般人是无论如何都难以抵达，我们权且当这里就是最南端了吧。对于地球来说，100 多千米的距离几乎可以忽略不计。

好望角的另一处著名景点，要数 2 千米外的新老灯塔。

所谓“老”，是因为这座灯塔是 1849 年由当地人在岩石上设立的。但因为好望角经常有大雾，常常让船上的人看不见灯塔的亮光，1919 年就废弃了，并改装成观景台。

新灯塔是在老灯塔前端山腰间修建的一座小灯塔。不过这一老一

新灯塔

◸ 褪毛中的企鹅 ◹ 独行侠 ◺ 企鹅家族合影 ◿ 乱入的海鸥

小，还真成了观光与实用的绝好搭档，也逐渐成为南非，特别是好望角的地标。

到了好望角或开普半岛，不去南非特有的小企鹅岛，几乎等同于到了北京，不去长城一样。

从好望角行驶了一段路程，我们来到了企鹅海滩。

这里完全没有了风暴角的喧哗和热闹，冒险和刺激，而是一派祥和景象：可爱的小企鹅们，有的在海滩的沙子里安卧，晒太阳；有的在礁石上发呆；也有个别的企鹅，腆着大肚子，一摇一晃地漫步海

↑ 我住的酒店附近小镇，也是 Waterfront 港口 ↗ 诺贝尔广场，这四人是南非获得过诺贝尔和平奖的人 ↓ 世界著名的冲浪区 Muizenburg 湾

滩，其姿势之优雅，步态之缓慢，让人又着急又喜爱，只恨自己的镜头焦距太短，观景台太远。

不过还好，偶尔走近的企鹅，能让我们看出它们正在换毛，一半皮一半毛，看上去会令人忍俊不禁……

◸ 夜色撩人 ↑ 不忍离去

怀着依依不舍之情，看着慢慢西下的太阳，我知道，时间又不早了。

好风景犹如昙花一现，难免令人遗憾。但人有悲欢离合，月有阴晴圆缺，遗憾又何尝不是一种美呢？

↑ 港口基本是英式的，但不乏民族特色

开普敦的赤橙黄绿青蓝紫

2018 年 8 月 18 日

马来社区

马上就要离开开普敦这座美丽的城市了，但似乎这两天，我还没来得及体会它作为立法首都的功能。

于是今天一早，我决定在市区好好看看各类建筑，体验下人文环境。毕竟，它是南非最早开发的城市和港口，历史悠久，文化荟萃，南非国会及很多政府部门，都坐落于此。

天气不错，但我离开住处后，一直感觉街上空荡荡的。又走了几个街区，还是没人，整座城市像是“死”了一般。因为今天是周日，对于当地来说，店铺和机构都不开门，估计大部分居民也都去教堂了。开普敦还是保持着西方式的生活习惯！

也好，路上没什么行人，可能会让我游走的效率更高吧。我迅速来到住地附近的马来社区（Bo-Kaap）。

还没走到跟前，老远就看见了几排色彩鲜艳的低矮屋子。

走进了社区里面，更是被这些用色大胆、光彩夺目的房屋吸引住了。不愧为“世界十大好色地”之一，这些色彩也许我们只有在儿童的绘画里才能看见，用在建筑上，就显得非常大胆且充满创意了。不过，这些艳丽色彩背后的故事，就没有那么耀眼夺目，甚至是很让人悲哀了。

马来社区的居民，大多是早期马来奴隶的后裔。种族隔离时期，住宅区是按人的肤色划分的，马来人属于有色人种，只允许在马来区居住。

此外，非白人社区是不被允许设置门牌号的。为了方便邮政投递和朋友来访，聪明的马来人想出用颜色来区别的办法，当然，这一传统也随着时间的推移而流传下来了。

马来社区是开普敦穆斯林社区的一部分，在这里能看见为数不多身穿长袍、长着大胡子的居民。

社区附近，能看到许多乞丐，今天也是我来南非看到乞丐最多的一天。也许是周日吧，居民的缺失和大量的乞丐，正好形成很大的反差。

奴隶博物馆闭馆

离开马来社区，我往市里慢慢移动，想去看看犹太人博物馆和奴隶博物馆，但不巧的是，因为南非博物馆都是周日闭馆，两处都吃了闭门羹。扫兴之余，我打算看看当地的教堂等宗教建筑。

位于街心花园附近的圣公会教堂，是开普敦最古老的教堂，也是著名的平民大教堂，即便在种族隔离时期，它的大门也始终向所有种族人开放。

1986 年 9 月 7 日，图图大主教就是在这里，被拥戴为南非首位黑人大主教的。1989 年 9 月 13 日，图图大主教带领 3 万南非人，从圣公会教堂出发，进行著名的反种族统治大游行。

我走近教堂，看见大门开着，里面正在唱圣歌，一位白人长者面带笑容，示意我可以进去。进到门里，我在最后一排坐下，牧师正在用非英文的语言“上课”。听不懂课程内容，正好仔细观察了下教堂里的信徒。发现其实黑人占了大部分，年龄嘛，老少皆有，大家表情

↑ 教堂的确不同凡响　↓ 著名的圣公会教堂

很严肃，一会儿站起，一会儿坐下。等他们坐下，并听见牧师用英文开始朗诵教义时，我离开了教堂。

这就是彩虹国度，牧师布道也需要用多种语言来进行……

很快，我又路过了阿德利大街和阿德利教堂，但教堂并没有开放。据介绍，有 8 位荷兰驻开普敦的总督先后葬于此教堂内。我对这座教堂产生了一丝想象，也对宗教之于西方，包括对南非早期居民的影响，进行了一番思考。

宗教在南非有着特殊的意义。记得自己在阅读《曼德拉传》和观看有关南非的电影时，就发现宗教对南非有着深入的影响。无论是天主教还是基督教，无论是对白人、黑人、还是其他有色人种，宗教的影响都不容忽视。

曼德拉从小就在教会学校读书，很早就成为卫理公会的教派成员。他之所以能在 27 年的牢狱生涯后，还能谅解敌对方，无疑是受到基督精神的影响。其他很多黑人，不论是身处城市还是乡村，都

国会前的雕塑

西开普省国会　南非人艺术细胞可以吧

深受基督教或天主教的浸染。

如果读者感兴趣，可以观看几部南非电影，比如《像土豆一样的信仰》《大师哈罗德与男孩》等。

南非电影《像土豆一样的信仰》，讲述的是一位苏格兰裔、名叫安格斯的男主人公，他举家从赞比亚搬到南非纳塔尔地区。因为人生地不熟，他又急于要还清贷款，开始时，他只顾拼命干活，对谁都脾气暴躁。但慢慢的，在妻子带领下，他开始光顾教堂，对基督教有了初步认识，并开始笃信耶稣。他还常常帮助乡里的黑人农民，并消除他们的迷信思想。有一次，就在他和乡亲们快要绝收的时候，他靠祈祷耶稣，最终让大家种下去的土豆，在整个生长周期缺水情况下，仍然获得了大丰收。这特殊的又大又好的土豆，其实意味着信仰的果实。类似的电影《大师哈罗德与男孩》，里面则讲述了两个黑人帮工等的故事……

走出宗教信仰的思绪，荷兰东印度公司的花园又出现在了眼前。

前天因为时间不多，我只走了花园的一半，更多的是参观位于花

↖ 荷兰东印度公司花园的流星花　↗ 西班牙薰衣草
↙ 完全像是自然生态系统　↘ 松鼠

园里的博物馆。今天，我决定把另一半漫步一番。

这个花园据说原是荷兰东印度公司的菜园子，他们种植了各类蔬菜，为来往船只提供给养。灌溉用的水，来自桌山上的清新河流，荷兰人把他们种植的农作物，与当地科伊族原住民交换牛羊。

不过，经过500多年的风雨，原来的菜地早已变成了当今丰富多彩的“后花园”。然而，这个花园还是与一般的花园有着巨大且本质的区别，它不仅面积非常大，而且物种丰富，高大的乔木、灌木和花卉，让人感觉到了原始森林般的浓郁。特别是那些鲜花，完全叫不上名，也从未认识。

更让人欣喜的，还是园里的动物，鸟、鸭子和松鼠随处可见，松鼠甚至就在你的脚下觅食，但忽然又攀上了树干，让你想拍照也来不及。

从花园出来不远，我路过了一处关着大门的白色建筑。从外表看，完全看不出里面会是什么重要或保密机构，因为它看上去相当普通。但通过查找地图才发现，原来这里是最后两任白人总统的官邸。这不得不让我想起了南非最后两位白人总统波塔和德·克勒克。

南非倒数第二任白人总统波塔，虽然任内普遍被黑人憎恨，因为他一直实行的是种族隔离政策。

但 1989 年 7 月 5 日，在面对现实社会情况和德·克勒克的劝导，波塔与曼德拉进行了首次历史性会晤，为 5 年后南非彻底结束种族隔离打下了基础。

1994 年，新南非成立之前，波塔还曾经承诺，将南非华人列入第一阶层，享受与白人同等的权利。尽管外界普遍认为，这只不过是波塔为吸引富裕华人到南非投资的手段之一，但无论如何，波塔在担任总统期间，开始放松了白人专制，把近 400 万其他有色人种纳入福利范畴。

最后两位白人总统所居住的官邸

↑←↓ 翻拍自《曼德拉传》里的插图

德·克勒克作为最后一任白人总统，他的贡献就比波塔要大得多。

他出生于布尔人权贵家族，也像曼德拉一样是律师出身，30 多岁时就成为国会议员。

1989 年 2 月，波塔卸任后，德·克勒克接替波塔，成为最后一任白人总统。尽管德·克勒克出身高贵，但他是一个非常开明的人。德·克勒克顺应了时代的变化，一上任就提出了要废除种族歧视，倡导黑人和白人一样，都有权享受南非发展的成果。

20 世纪 90 年代初，在他领导下的南非还是非洲唯一的发达国家，南非 GDP 排名，在世界上是第 28 位。但由于南非的种族隔离政策，世界各国包括联合国，对南非都给予制裁。

鉴于种族隔离政策的不可持续性，以及国际社会的压力，德·克勒克也很愿意改变这一局面，他与曼德拉进行了多次秘密会谈。

1990 年 2 月，曼德拉自由后，双方更是开始了公平的竞争。1994 年，经过激烈的、公平的筹款、电视辩论、巡回演讲等，德·克勒克坦然接受了失败，甘心充当副总统。

1997 年 9 月，德·克勒克放弃了再次竞选总统的机会，挂靴离去。

其实，如果看过曼德拉传记和其他历史资料的话，我们与其说是曼德拉赢得了胜利，不如说是德·克勒克“主动”让位于曼德拉，因为只有这样，才能解决当时黑人针对白人政府的大量暴力和流血事件，也只有这样，才能安定整个飘摇和动荡的社会。

因此，德·克勒克是为南非消除种族隔离做出了巨大贡献的，也正因如此，德·克勒克和曼德拉双双获得了 1993 年度的诺贝尔和平奖……

看着那座白色小楼，回想英国传记作家安东尼·桑普森著的《曼德拉传》里结尾处的一句话，这是曼德拉在离任总统时说的：“世界上最困难的事情不是改变世界，而是改变自己。”

其实，我觉得，这句话用在德·克勒克身上，亦然。

↑ 动物们可不管什么文物和人物了

失落的德班

2018 年 8 月 19 日

这次南非行选择的几个城市里，德班应该说是经济最发达的，当然，这只是从行前看的城市介绍中了解到的。

德班是夸祖卢 - 纳塔尔省的一个城市，历史上曾经很是辉煌，因为地处印度洋的亚热带地区（祖鲁语为 eThekwini，“在海港”的意思），因此德班是非洲最繁忙的港口，也是通往非洲及印度洋其他国家的大门。

由于气温怡人，德班是南非最著名的度假胜地，也是理想的户外运动场所，冲浪、潜水、橄榄球、板球、高尔夫球等运动都比较普及。德班还是南非的足球之都，大型足球比赛经常在此举行。

德班不仅“有钱”，还有文化，市内坐落有很多博物馆。

德班城市规模适中，方圆约 2300 平方千米，人口只有 370 万，德班向来有着“非洲最佳管理城市”的称号，也是世界著名的国际会

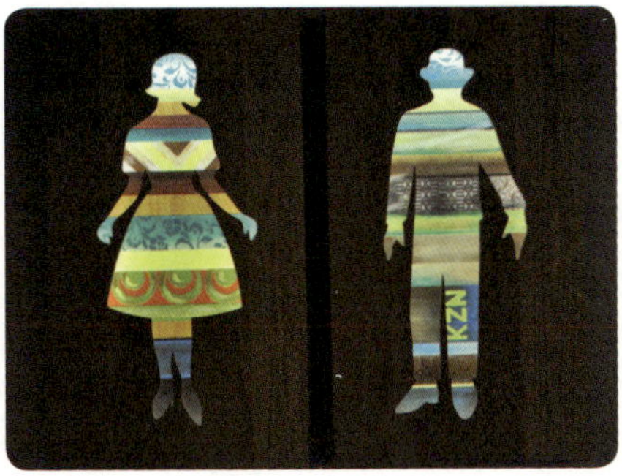

德班机场非常有艺术特色

机场卫生间的标识　公交车很高档，但很少有人乘坐

议之都。

抵达德班时，已经是晚上了。但刚一进入德班机场，我就被它的设计风格和独特的装饰装潢吸引了，禁不住一通狂拍，只是不知人家如何看待我这个“疯子”。

我在机场的门口找到了大巴，与其说是机场大巴，不如说是面包车，上面也没有标识。

我通过咨询，又验证电话之类的，才放心进入车里，这时车里已经有两位客人了。又等了一段时间，凑齐了差不多大半车人，我们的机场“巴士”向市区开进，司机把每个客人安全送到酒店。

此时我感觉，南非人口数量确实少，来旅行的人似乎也不多。不过，到底是到了印度洋的海岸，气温比大西洋海岸的城市高了许多。房间窗外就是印度洋了，但漆黑的夜晚，人们只能听见轻柔的海浪声。

外人来南非，最大的问题就是交通。

我到离住地不远的城市信息中心，本来是打算乘坐城市观光双层大巴的，眼看离出发只有几分钟了，但是问了问工作人员，回答是至少要凑齐四位乘客才能启动，每人 100 兰特的车票，可以观览德班城所有主要景点。

我又等了 10 多分钟，还是没有人来，我建议加倍给车钱，但也未能达成“交易”，于是他们推荐我在附近乘坐公交车。

德班市内的公交车其实是个不错的选择，只是各位以后要是去的话，一定要问清楚在哪儿等车，因为南非当地人喜欢乘坐面包出租车，加上坐公交车的人实在少得可怜，站台不仅总是空空如也，标识也不清楚，弄得人不知道是不是等错了地儿。

好不容易车来了，司机非常和气，告诉我怎么坐，到哪站下。

我买了一张单日票，只要 16 兰特（约合 8 元人民币）。上车坐稳后我看了看车厢，好家伙，车上除了我就只有两三位乘客，这公交

↓ 气派的市政厅

↖ 市政厅对面的建筑 ↑ 身材高大的仙人掌 ↗ 挺美的建筑

公司靠什么挣钱呢？一直到我回酒店，车上都是如此。

我先到的是德班市政厅广场。

德班市政当局有 6 个博物馆，每个博物馆记载的是德班历史的不同方面。6 个博物馆中，5 个是免费的。我根据兴趣爱好，绕过市政厅大楼，直奔旧法院博物馆。

位于阿利瓦尔大街 77 号的旧法院博物馆，成立于 1866 年，主要展示南非殖民地以前和殖民地时期，社会各阶层人群的经历。不知道是不是因为今年（2018 年）是曼德拉诞辰 100 周年的原因，在馆里看见了非常大比例的关于曼德拉的展品。

但展馆二楼橱柜里的小型人物模型，让我格外喜爱：精美的造型、逼真的服装、独特的创意，让我在窗前驻足良久，似乎这些都是真人真事一样。

但更让我印象深刻的，还是一进门时，关于德班在“一战”中的情况介绍，以及南非的参战情况。

“一战”中，南非共有 23 万多个种族、多个军种士兵参加了战斗，其中 14.6 万是白人军队，8.3 万是南非土著民兵，有色人种士兵为 2500 人，还有大约 3000 人自愿加入了皇家飞行部队。“一战”中，共有 1.86 万南非人伤亡，其中死亡 12452 人。

看到这组数据，其实我还想到了南非在“一战”“二战”时期的经济崛起。

事实上，“一战”对南非经济影响很大。

旧法院博物馆

战时的欧洲，对南非供应大大降低，南非过去依靠进口的商品价格高涨；加之中东战火使苏伊士运河停航，绕行好望角的各类船只剧增，对燃料、肉、蔬菜等的需求也相应激增，这些都刺激了南非煤矿和农牧业市场的发展，南非工业总产值增长了40%以上。

“二战”中，南非虽远离战场，但有利的地理位置，使得南非成为盟国的大后方和物品供应基地。

战时内阁总理史末资，政治经验

↑ 1652年荷兰人就是乘坐这艘船抵达开普敦的（模型）

→ 逼真的艺术模型

↓ 模型

丰富，他想方设法出兵，提高南非的国际地位，他所做的一切，确实为战后南非的国际地位，奠定了较坚实基础。

史末资与丘吉尔非常熟稔，还参加了英国战时内阁，并晋升为英国唯一的外籍元帅。“二战”时，南非总共募兵 34.5 万人，其中 1/3 为黑人和混血人，但黑人多为非战斗人员，主要从事驾驶、炊事、挖路等工作。

虽然南非政府为战争付出了 1.5 亿英镑，但战时南非制造业增长了 116%，电力生产增加了 24 亿度，黄金年产 500 多吨，产值高达 1.21 亿英镑。

除了经济的因祸得福，在政治上，因为战时国家的临时凝聚力增强，种族斗争却相对平稳下来。

但即便如此，“二战”对南非人影响最深刻的，还是包括南非在内的非洲人，他们开始真正认清了自己，发现了自己的力量所在，具体就体现在非洲主义思想和非国大“青年联盟”的创立，后者对后来非国大的掌权，充当了核心力量。

不过，历史就是这么具有戏剧性，1948 年，史末资还是黯然下台，败给了同是国民党的马兰政府。

带着一点对历史的伤感，我从馆里往外走，坐车去坐落在 Ordnance 路 130 号的 Kwa Muhle 博物馆，那是非洲黑人曾经申请工作的场所。

刚下车，一位棕色皮肤的当地大妈说，你一会儿回来时别在此坐车，因为这里人少，怕不安全。说着，她问我要去哪儿，并说她也要路过那里，就带着我往博物馆方向走。

↑ 黑人申请工作场所　↓ 申请场所雕塑

↑ ICC 建筑外

到了博物馆，还把我介绍给馆里的几位工作人员，临走时还告诉我，从前面的过街天桥走，并再三提醒我，不要把照相机放在外面，以免遭抢。

看着大妈离去的背影，我心里好生温暖，尽管她不断提醒我南非社会治安问题的严重，但她的热心肠，使得南非社会的阴暗面有了些许亮光。

从 Kwa Muhle 出来，我疾步走向德班国际会议中心（ICC），因为这个中心与气候变化，与很多的重要事件有关，例如它承办过联合国气候变化框架公约第 17 次缔约国大会、南非经济首脑会议、不结盟运动部长级会议等，2002 年 7 月，非洲联盟在此成立。

虽然这个会议中心与北京许多的会议中心相比，算不上什么大规

↑ 维多利亚市场　↗ 熙熙攘攘的人群

模，但在德班乃至南非，ICC 的知名度相当不错。

回酒店路上，路过了维多利亚市场，本打算下车去看看，做点小采购，毕竟这也是当地非常有名的商业聚集地，许多印度人社区和商业设施也在此地，要知道，德班是除印度次大陆外，印度人口最多的一个城市，大约超过 30 万。

但从车上往下看，发现这里基本是属于德班的“贫民区”了，店铺和商品其貌不扬，这里相比德班其他地区，显得非常拥挤和破旧。

↓ 沙雕，拍照是要收费的，但也靠自觉

于是，我打消了到此一游的想法，而想尽快回到酒店，收拾行李准备返回约堡了。

经过大半天的游览，我对此前看到的德班背景介绍，有了点落差和遗憾，特别是维多利亚市场和回到住地附近海滩，回望岸上的建筑物时，我发现，德班城区中心其实很旧，甚至有点落伍了，当然这也跟许多有钱人迁出市中心有关。

如果非要与中国的某些城市做个比较的话，也许，德班也就相当于国内三线城市的规模和外观。

但不知从德班的境况，是否能够推断，南非整个国家的现状也是如此呢？

↑ 运动是南非人的普遍爱好

彩虹依旧

2018年8月20日

颠簸十多天了，睁开眼，天已大亮。本想赖赖床，转念一想，再过几小时，就要离开美丽的南非了。

于是，我像上了弹簧一样，一骨碌爬了起来，打算去对面的曼德拉广场和超市逛逛。

曼德拉广场据说是南非人气最旺的地方之一，但其实它就是一个大型商场的入口空地，以前并不叫“曼德拉广场”，后来为了纪念曼德拉而更名。

广场看上去还是很时尚的，咖啡店、高档餐厅围着广场排了一圈。据说整个广场设计灵感源自意大利风格，这在广场布局上有所反映。

进到商场，绝大部分商铺还大门紧锁，我在一家咖啡店坐下，想真正体验下当地人的早餐和工作节奏。不知是因为周一太忙的缘故，还是南非人的节奏原本就是这么不紧不慢，等了很久早餐才上齐。

曼德拉广场

迅速解决掉早餐，我开始四下寻找南非的咖啡，问了旁边的一个工作人员，他似乎也不知南非最有代表性的咖啡品牌是什么（南非进口食品较多，品类丰富，这也是彩虹特色之一）。于是他和我都开始在手机里搜索，最终不仅完成了买咖啡的任务，还将“买四赠一”的南非本地巧克力收入囊中。

结账时，我发现没有享受到优惠，工作人员很热情地带我回到货架，明确了参加活动的产品，又带我到另一处专门处理售后问题的柜台，退还 25 兰特。我其实都想不办理这些手续了，但工作人员非常

↑ 购物中心

认真负责，倒让我“不忍”离去。

收拾好行李，我打算去乘坐约堡到机场的豪华列车。这是南非第一条轨道列车，从桑顿到机场只需 12 分钟。前两天去布隆方丹时，由于工人罢工而没能坐成，今天必须要尝试下。

为了节省时间，我用自助系统购买车票，第一张很顺利，买第二张票时尝试了好几次，始终未能成功。我到窗口咨询，为什么投进去的 160 兰特只退回 100 兰特。工作人员说，会让人从设备后面检查。

近十分钟过去了，还是没有任何结果，他又让我填写表格。这时

南非的道路交通相当发达

正好后面有位白人女士来咨询，原来她上周遇到同样问题，今天来取退款。窗口里的工作人员说只能通过银行卡退款，不给现金。

这位女士提高了声调，说她必须拿到现金，她说自己不太相信南非的行政系统，更不会提供任何银行卡信息。

看着她那激动和愤慨的表情，我忽然意识到，南非的公共服务系统确实出现了不小的问题。

因为时间紧张，我不得不人工买票后赶赴机场。我也不知那位女士到底拿到现金没有，可以肯定的是，我那60兰特一定是打水漂了。

坐在去机场的快轨上，我开始回想这十多天的经历，其实今天的遭遇，恰恰证明我遇到了问题的关键点，它也是南非很多社会问题的缩影！

总的来看，在我所到的四个城市里（开普敦、约翰里斯堡、布隆方丹和德班），以及克鲁格附近的普马兰加省的个别城市，我认为，南非还是属于比较发达的国家。尽管有的建筑物略显陈旧，但城市的基础设施非常完善，道路交通和服务质量也可圈可点。

虽然南非以私家车为居民的主要代步工具，但仍然拥有比较现代化及惠民的公共交通。顺便说句，据说南非的驾照是世界上最难获得的，因此司机们的驾车技术都相当娴熟，路上几乎看不到堵车现象，红绿灯的设置也非常人性化。

另外，南非公民的素质相对较高，特别是服务窗口的工作人员，热情主动，英文流利，毕竟南非的官方语言就是英语。

南非的教育体系也非常棒，我在很多的地方看到中小学生，从服装和精神面貌看，都颇具发达国家的风范。这也不奇怪，南非是传统英联邦国家，教育体系和教学质量在全球范围内名列前茅，高校毕业生也受到世界各国欢迎。金山大学甚至培养出了四位诺贝尔奖获得者。

开普敦东印度花园里的学生

当然，就像许多发达国家都面临的问题那样，南非也的确出现了经济发展放缓乃至停滞的现象。但是，南非拥有丰富的自然资源和完备的工业基础，教育体系在全球享有盛誉，我相信南非的经济还是具备发展基础的。

衷心希望南非人民能够努力发展各项事业，再现往日辉煌。

↑ 索韦托附近的学生